회계사
어떻게
되었을까
?

꿈을 이룬 사람들의 생생한 직업 이야기 48편
회계사 어떻게 되었을까?

1판 1쇄 찍음 2022년 10월 20일
1판 1쇄 펴냄 2022년 10월 27일

펴낸곳	㈜캠퍼스멘토
책임 편집	이동준 · 북커북
진행 · 윤문	북커북
연구 · 기획	오승훈 · 이사라 · 박민아 · 국회진 · 김이삭 · 윤혜원 · ㈜모야컴퍼니
디자인	㈜엔투디
마케팅	윤영재 · 이동준 · 신숙진 · 김지수 · 김수아 · 김연정 · 박제형
교육운영	문태준 · 이동훈 · 박홍수 · 조용근 · 황예인
관리	김동욱 · 지재우 · 임철규 · 최영혜 · 이석기
발행인	안광배

주소	서울시 서초구 강남대로 557 (잠원동, 성한빌딩) 9층 ㈜캠퍼스멘토
출판등록	제 2012-000207
구입문의	(02) 333-5966
팩스	(02) 3785-0901
홈페이지	http://www.campusmentor.org

ISBN 979-11-92382-16-6 (43320)

ⓒ 캠퍼스멘토 2022

현직
회계사들을
통해 알아보는
리얼 직업
이야기

회계사
어떻게

How did they become
Accountants?

되었을까?

CampusMentor
캠퍼스멘토

"
도움을 주신
회계사들을
소개합니다
"

세연회계법인
임부용 이사/지점장

- 현) 세연회계법인
- 광주디자인센터 감사
- 광주, 전주, 제주지방법원 조사위원
- 신한회계법인
- 삼일회계법인
- 전남대학교 경영대학(수석) 졸업

투자은행
김태형 M&A 분석가

- 현) 투자은행 M&A 분석가
- 웰투시 사모펀드
- 삼정KPMG M&A 본부
- 삼정KPMG 회계법인 회계감사본부
  개인 스타트업 회사 운영
- 서강대 경영학과 졸업

업무의 특성상 회사명을 밝힐 수 없음을 양해바랍니다.

AP택스파트너스·AP부동산중개컨설팅
송재근 대표

- 현) AP부동산중개컨설팅 대표 공인중개사
- 현) AP택스파트너스 대표 공인회계사
- 현) 베델자산관리 / 베델자산관리대부 사외이사
- 현) 과천지식정보타운 지식기반산업용지 심의위원
- 현) 경기도 과천시 선거관리위원회 위원
- 경기도 과천시 금고지정 심의위원회
- 중소벤처기업진흥공단 재기지원센터 상담위원
- 공인중개사, 투자자산운용사 자격취득
- 한국공인회계사(KICPA), 세무사 자격취득
- 경북대학교 경영학과 학사

삼덕회계법인
김기남 회계사

- 현) 삼덕회계법인
- Deloitte 안진회계법인
- 제48회 한국공인회계사 합격
- 고려대학교 동양사학과/경제학 복수 전공

수상
- TESAT(한국경제신문 주관 경제 이해력 검증시험)
  대학생 부문 대상

삼일회계법인 감사본부
권상용 회계사

- 현) 삼일회계법인 감사본부
- 공인원가분석사 합격
- 제50회 한국공인회계사 합격
- 2015 성균관대학교 경영학과 졸업(삼성 장학생)

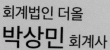

회계법인 더올
박상민 회계사

- 현) 회계법인 더올
- 안진Deloitte 회계법인 감사팀 근무
- EY한영 회계법인 감사팀 근무
- 제52회 한국공인회계사 합격
- 경북대학교 경제통상학부 졸업

Chapter 2

회계사의 생생 경험담

Chapter 3

예비 회계사 아카데미

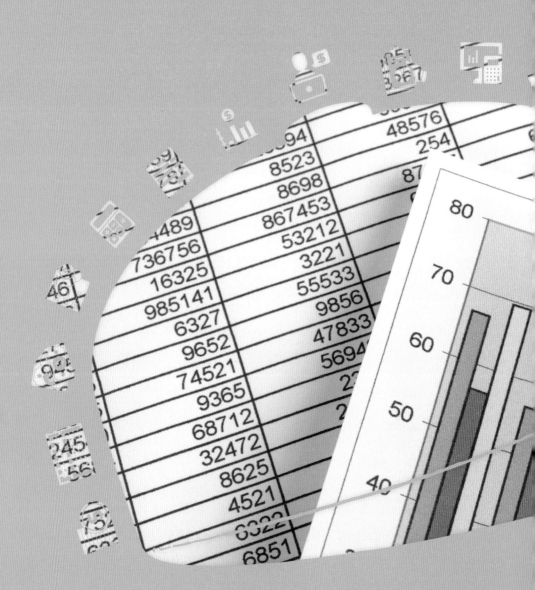

회계사,

어떻게 되었을까?

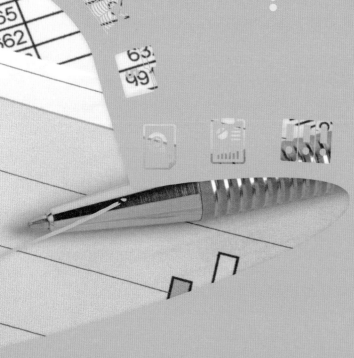

회계사란?

—

회계사란

회계 실무 종사자이며, 경영자와 투자자, 과세 당국 등 의사결정에 관련된
사람들이 자원 배분 시 필요로 하는 재정 상황에 관한 조사, 공개 인증서
작성 등을 담당하는 사람이다.

회계사가 되기 위해서 공인회계사(CPA), 칙허회계사(CA, Chartered accountant), CAA 같은 시험에 합격해 자격증을 부여받아야 하며, 대한민국에서는 CPA에 합격해야 한다. 회계사는 전문자격을 갖춘 만큼 책임도 가진다. 예를 들면, 감사 대상 회사의 재무제표가 제대로 작성되었는지 확인하고 증명하는 권한을 갖고, 잘못 작성되었을 시 책임을 진다. 비공인회계사는 공인회계사가 고용한 때 회계사 사무실에서 일할 수 있지만, 법적인 감사나 작성 권한은 없다.

- 회계사는 개인이나 기업, 공공시설, 정부 기관 등의 경영상태, 재무 상태, 지급 능력 등의 다양한 재무 보고와 관련하여 상담해주거나 관련 서류를 작성한다.
- 대상 기업에서 작성한 재무제표가 적절한지 감사하고, 감사 보고서를 작성한다.
- 기업이 회계와 결산 업무가 바르게 행해지도록 재무제표를 작성하고, 전표와 장부의 정비 및 개선에 대해 지도하는 회계 업무를 수행한다.
- 기업의 재무관리, 판매정책 등에 대해 효과적인 방안을 제시하고 장단기 경영 전략의 수립과 기업합병 등에 대한 경영 자문 업무를 수행하기도 한다.
- 납세 신고서를 작성하거나 세금에 대한 상담, 지도, 세무 소송 등을 대리하는 세무 업무도 수행한다.
- 회계 및 재무 기록과 사업체의 회계기준, 결과 미 내부규정의 일치 여부 등을 조사하고 분석한다.
- 소득세법 규정이나 기타 요건에 맞는지 확인하기 위해 사업 현장 감사를 수행한다.
- 탄소규제에 따른 온실가스 감축을 위한 탄소경영체계를 구축하고 지속가능보고서 시스템 구축에 관한 자문 활동을 한다.

출처: 커리어넷/ 위키백과

회계사의 직업전망

　회계사의 고용은 다소 증가하는 수준이 될 것으로 전망된다. 회계사는 연평균 1.8% 정도의 비율로 증가하여 2025년 약 1만 6천 명이 될 것으로 예상되며 통계청의 「전국사업체조사」를 살펴보아도 공인회계사업 사업체 수와 종사자 수는 꾸준히 증가추세를 보인다. 과학기술 발전, 글로벌화, 라이프스타일 및 가치관의 변화는 새로운 산업을 등장하게 하고, 새로운 산업에 대한 각종 규제는 회계 업무의 증가요인으로 작용할 전망이다. 특히 최근 공유경제 시스템 등 복잡한 시스템이 도입되면서 재정적, 회계적으로 문제가 없는지에 대한 감사 요구가 커지고 있으며 이는 회계 업무의 전문성에 대한 수요와 나아가 회계사의 고용 증가를 가져올 것으로 보이며 민간기업 이외에 공공기관에서의 회계감사 수요도 늘어날 것으로 예상된다. 또한 투명한 회계 관리를 위한 정부 정책 및 제도가 계속해서 변화하고 있는 것도 회계사의 수요를 증가시킬 것이다.

　다양한 정보를 쉽게 접할 수 있어 예전보다 사람들의 의식 수준과 정보력이 높아지면서 회계 투명성 요구를 사회 각계에서 하고 있다. 아파트 감사 등 과거에는 회계감사가 선택적인 영역도 시민들의 투명성 요구가 커지면서 회계감사 영역을 늘리는 요인으로 작용할 전망이며 창업 증가, 서비스업의 활성화로 소규모 사업자의 증가도 회계 서비스 수요를 가져올 수 있다. 한국공인회계사회 자료에 의하면 매년 국내 공인회계사 수는 꾸준히 증가 추세이며 특히 이 중 회계사 자격을 소지한 사람이 회계업계가 아닌 민간기업체 등의 타 업계에 종사하는 것을 의미하는 휴업감사인이 매년 꾸준히 증가함을 알 수 있다.

회계 전문인력의 기업체로의 진출은 기업의 재무, 회계, 공시 관련 역량을 강화하는 데 이바지하지만 한국채택 국제회계기준인 K-IFRS의 도입 등으로 감사 보고서에 기재해야 할 내용도 많아지고 업무의 복잡성이 증가하는 등 업계에서는 업무강도는 늘어나지만, 감사보수는 하락하고 있고 업무와 관련한 각종 소송분쟁도 늘어나고 있어서 예전보다 회계사에 지원하는 인력이 줄어든 것으로 보고 있기도 하다. 그리고 산업 내 경쟁이 심해지면서 비즈니스 모델에 대한 컨설팅 또한 중요해져 다른 영역의 컨설턴트나 변호사, 세무사 등의 전문직업과의 협업 필요성이 커지고 있다. 특히 회계감사의 신뢰성을 높이기 위해 IT전문가와 협업을 통해 전산 감사 등의 영역은 늘어날 수 있으므로 관련 전문가와의 협업 능력이 필수로 요구되며 심해지는 경쟁에서 우위를 점하기 위해서는 특정 세부 분야에 대한 전문성을 갖추는 것도 방법이다.

출처: 잡코리아 직업사전

회계사가 되려면?

■ 정규 교육과정

　회계사가 되기 위한 학력에는 제한이 없으나, 대학이나 학점은행제를 통해 회계학 및 세무 관련 과목 12학점 이상, 경영학 과목 9학점 이상, 경제학 과목 3학점 이상을 이수해야만 공인회계사 시험에 응시할 수 있다.

■ 공인회계사 시험제도

- 회계사가 되기 위해서는 금융감독원에서 주관하는 공인회계사 국가 공인 자격을 취득해야 한다.

- 공인회계사는 총 2차 시험으로 시행되며, 1차 시험은 객관식으로 치러지며 경영학, 경제원론, 상법, 세법개론, 회계학을 평가하고 일정 수준 이상의 공인영어성적을 제출해야 한다. 2차 시험은 주관식으로 세법, 재무관리, 회계감사, 원가회계, 재무회계를 평가한다.

- 공인회계사 시험에 합격한 후에도 회계 법인, 공인회계사회, 금융감독원 등 관련 기관에서 실무수습을 받고 한국공인회계사회에 등록해야만 정식 회계사로 활동할 수 있다.

출처: 커리어넷/ 직업백과

회계사의 진출 분야

- 회계사가 되기 위해서는 금융감독원에서 주관하는 공인회계사 시험에 합격해야 한다. 회계 법인, 개인사무소, 정부 기관, 금융기관, 일반 기업체 등으로 진출한다.

- 회계사는 회계 법인에 고용되어 일하게 된다. 따라서 대기업이나 일정 수준의 돈을 벌어들이는 회사의 장부 검사를 맡는 일을 한다. 성과에 따라 각 회사에서 정하는 직급으로 승진할 수 있고, 재정적인 여건과 본인의 인지도가 형성되면 창업을 할 수도 있다.

- 특별하게 기업의 법인에 소속되어 회계사로 일하게 되면 법인회계사로 활동하게 된다. 법인회계사라고 특별한 것은 아니고 단지 소속이 법인일 뿐이다.

출처: 직업백과

회계사의 업무능력과 지식

◆ 업무수행능력 중요도

중요도	업무수행능력	설명
100	공간지각력	자신의 위치를 파악하거나 다른 대상들이 자신을 중심으로 어디에 있는지 안다
	듣고 이해하기	다른 사람들이 말하는 것을 집중해서 듣고 상대방이 말하려는 요점을 이해하거나 적절한 질문을 한다
	범주화	기준이나 법칙을 정하고 그에 따라 사물이나 행위를 분류한다
	선택적 집중력	주의를 산만하게 하는 자극에도 불구하고 원하는 일에 집중한다
	수리력	어떤 문제를 해결하기 위해 수학을 사용한다
99	가르치기	다른 사람들에게 일하는 방법에 대해 가르친다
	모니터링(Monitoring)	타인 혹은 조직의 성과를 점검하고 평가한다
	읽고 이해하기	업무와 관련된 문서를 읽고 이해한다
	추리력	문제해결 및 의사결정을 위해 새로운 정보가 가지는 의미를 파악한다
	판단과 의사결정	이득과 손실을 평가해서 결정을 내린다

◆ 지식 중요도

중요도	업무수행능력	설명
99	경제와 회계	돈의 흐름, 은행 업무, 그리고 재무 자료의 보고와 분석과 같은 경제 및 회계 원리에 관한 지식
92	법	법률, 규정에 관한 지식
84	경영 및 행정	사업 운영, 기획, 자원 배분, 인적자원관리, 리더십, 생산기법에 대한 원리 등 경영 및 관리에 관한 지식
81	영어	영어를 읽고, 쓰고, 듣고 말하는데 필요한 지식
74	국어	맞춤법, 작문법, 문법에 관한 지식
63	교육 및 훈련	사람을 가르치고 훈련하는 데 필요한 방법 및 이론에 관한 지식
62	산수와 수학	연산, 대수학, 통계, 기하학의 계산 및 응용에 관한 지식
60	사무	워드 프로세스, 문서처리 및 기타 사무절차에 관한 지식
54	상담	개인의 신상 및 경력 혹은 정신적 어려움에 관한 상담을 하는 절차나 방법 혹은 원리에 관한 지식
50	인사	채용, 훈련, 급여, 노사관계와 같은 인적자원관리에 관한 지식

출처: 커리어넷/ 워크넷 직업정보

회계사의 자질

—— **어떤 특성을 가진 사람들에게 적합할까?** ——

- 회계 관련 서류들을 세밀하게 검토하고 계산상의 오류를 잡아낼 수 있는 수리 능력과 분석력, 정확한 판단력이 필요하다.
- 꼼꼼하고 치밀한 성격이 유리하며 공정한 업무처리 능력과 다양한 고객을 상대하기 때문에 원만한 대인관계능력을 갖추어야 한다.
- 진취형과 관습형의 흥미를 지닌 사람에게 적합하며, 독립성, 꼼꼼함, 분석적 사고 등의 성격을 가진 사람들에게 유리하다.

회계사와 관련된 특성

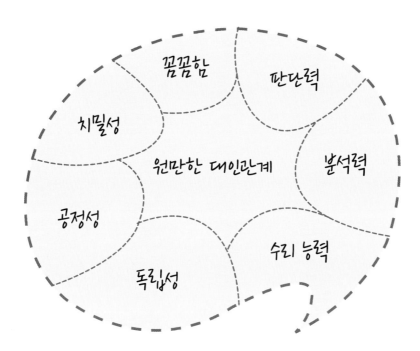

꼼꼼함

판단력

치밀성

원만한 대인관계

분석력

공정성

수리 능력

독립성

Q "회계사에게 필요한 <u>자질은</u> 어떤 것이 있을까요?"

톡(Talk)!
임부용

> 정확한 분석력과 더불어 공감하고 소통하는
> 능력이 중요하답니다.

　냉철한 분석 능력, 공감 능력, 소통 능력입니다. 회계사를 찾아와 상담하시는 분들은 대부분 어려운 문제들을 해결하고자 하는 목적으로 오십니다. 그래서 상대방의 상황을 이해하고 이를 해결하기 위한 대안을 함께 탐색할 수 있는 분석 능력과 문제 해결 능력이 필요하죠.

톡(Talk)!
김기남

> 사실을 신속히 파악할 수 있는 논리적 사고가 필수에요.

　논리적 사고가 굉장히 중요합니다. 어떤 사실과 사건의 본질을 빠르게 파악하고 이를 정보이용자들에게 표시하여 전달할 수 있는 전문가적 역량이 필요하죠.

**톡(Talk)!
김태형**

업무 특성상 강한 책임감과 인내심을 요구하죠.

책임감입니다. 회계사들은 혼자 일하는 것이 아니라 여러 사람과 팀을 이루어 프로젝트 단위로 업무를 수행하기 때문에 본인이 맡은 분야를 성실히 처리해야만 팀의 성과도 좋아지게 되죠. 그리고 인내심입니다. 클라이언트로부터 다양한 요청 사항이 새벽에도 오기 때문에 이러한 힘든 상황을 잘 겪어내고 업무에 집중할 수 있는 인내심이 필요하다고 봐요.

**톡(Talk)!
송재근**

소통 능력 위에 정직과 공정의 가치를 유지해야 해요.

경제나 회계 관련 지식도 필요하겠지만, 다양한 경험을 통한 소통 능력을 키우는 게 무엇보다 중요하다고 봐요. 그리고 공인회계사의 이름에서 드러나듯이 원칙과 상식에 맞추어 공정하고 정직하게 업무에 임하는 자세가 중요한 자질입니다. 왜냐하면 자기 이익이나 편리에 치우치다 보면 균형을 잃을 수도 있으니까요.

의사소통 능력과 함께 업무에 꼼꼼한 자세로 임해야 해요.

　클라이언트와의 대화를 통해 원하는 것을 얻을 수 있는 커뮤니케이션 기술이 중요하다고 봐요. 그리고 계약서나 보고서 등을 자주 접하기 때문에 꼼꼼한 성향이면 좋겠죠.

**업무 자체가 공공성을 띠기에
철저한 윤리의식을 지녀야 하죠.**

　공인회계사는 다양한 길이 있지만 그중 가장 기본은 회계감사라고 봐야죠. 회계감사는 기업이 회계기준에 맞게 회계처리를 하는지에 대해 의견을 제시하는 것이죠. 이는 기업의 외부정보이용자인 주주나 채권자들의 정보 비대칭을 해소하는 데 도움을 주는 업무예요. 이렇게 업무 자체가 공공성을 띠기에 공인회계사라면 윤리의식이 투철해야 한다는 생각입니다. 물론 회계기준을 잘 아는 것도 중요하겠지만, 무엇보다 자기 직업에 대한 소명감을 갖고 자본주의의 파수꾼으로서 윤리의식을 품고 일해야 한다고 생각해요.

내가 생각하고 있는 회계사의
자질에 대해 적어 보세요!

회계사의 좋은 점·힘든 점

톡(Talk)!
김태형

| 좋은 점 |
각계각층의 전문가와 소통하면서
지식도 쌓이고 자부심도 커지죠.

전문가로서 자부심을 품고 다양한 일을 할 수 있다는 게 가장 큰 장점이죠. 여러 분야의 전문가와 소통하려면 스스로 많이 공부해야 합니다. 그 과정에서 본인의 지식이 깊어지고요. 이러한 지식을 통해 클라이언트에게 솔루션을 제공함으로써 일에 보람을 느낄 수도 있습니다. 다양한 각계각층의 사람을 만나서 업무를 수행하다 보면 본인의 재테크에도 긍정적인 영향을 끼치기도 하죠.

톡(Talk)!
김기남

| 좋은 점 |
자본주의 사이클에서 형성되는 폭넓은
업무 영역을 다룬답니다.

업무 범위가 넓다는 게 장점이겠죠. 크게는 회계감사, 재무자문, 세무자문으로 분류되지만, 자본주의 사이클에서 파생되는 대부분 업무를 회계사가 수행한다고 보시면 돼요. 이러한 업무 범위의 광활함이 장점이지만 어떤 특정 분야로 전문화하는 게 쉽지 않다는 점에서 단점일 수 있겠죠. 하지만 단점으로 보기에는 장점으로 작용할 때가 훨씬 큽니다.

| 좋은 점 |
다양한 업무와 경험을 하면서 고수입을 얻을 수 있어요.

　자기의 역량에 따라 남들이 경험하기 힘든 다양한 업무를 수행할 수 있고, 그에 비례하여 상당한 수입도 얻을 수 있다는 점이죠. 또한 여러 사람을 만나고 여러 지역에 출장을 다니면서 경험도 많이 쌓게 되는 것도 하나의 재미입니다.

톡(Talk)!
박상민

| 좋은 점 |
다양한 전문직을 만나고
진로의 선택지가 많다는 점이에요.

　일단 다양한 산업군을 접할 수 있다는 게 장점이죠. 한국에는 정말 다양한 업종의 기업들이 많답니다. 다양한 기업들을 고객으로 하여 업무를 하다 보면 자연스럽게 시야가 넓어져요. 또한 회계는 기업의 언어라고 할 정도로 기업경영에 있어 중요한 위치를 차지하죠. 이러한 회계에 관한 전문적인 지식을 가지고 있는 게 살면서 큰 장점으로 작용하죠. 더군다나 회계사는 이직이 자유롭고 커리어의 선택폭이 넓답니다. 회계법인에서 계속 근무할 수도 있고, 법인을 나와서 개업하는 것도 가능해요. 아니면 일반기업이나 공기업 회계팀에 취직할 수도 있고요. 그 외에도 전문적인 회계지식이 있다면 회계업이 아닌 다른 업종에서 창업하더라도 큰 도움이 될 겁니다. 실제로 지금까지 만난 클라이언트분들 중에 회계사였다가 전혀 다른 분야로 창업한 CEO분들도 있었거든요.

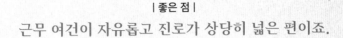

| 좋은 점 |
근무 여건이 자유롭고 진로가 상당히 넓은 편이죠.

　전문직으로서 조직에 얽매이지 않고 운신의 폭이 넓어 자유롭다는 측면이 장점이라고 볼 수 있겠네요. 일반 직장인이라면 출퇴근 시간이 정해져 있겠지만, 공인회계사는 업무시간을 자기가 어느 정도 조율할 수 있어서 근무가 자유로운 편이에요. 소득 측면에서도 비교적 상위레벨이고, 진로가 굉장히 넓은 편이죠. 제가 하는 회계감사 외에도 세무자문이나 재무자문 등의 업무가 있고, 증권사나 은행 등 금융권, 각종 제조업, 최근 유행하는 스타트업 등에서도 공인회계사에 대한 수요가 많이 있어요.

| 좋은 점 |
전문 자격증으로 다양한 직역(職域)과 여건에서
일할 수 있는 매력이 있어요.

　회계사는 자본주의의 파수꾼으로도 불릴 만큼 자본주의의 근간을 지켜주는 역할을 하고 있습니다. 또한 회계나 재무부서가 없는 기업은 없어요. 이 말인즉 회계의 전문가로 인정받는다면 어디서든 일할 수 있다는 의미입니다. 혼자서 일할 수도, 팀으로 일할 수도, 스타트업에서 일할 수도, 대기업에서 일할 수도 있고, 본인의 성향과 형편에 맞춰서 일할 수도 있어요. 합격하기 어려운 시험으로 알려져 있다 보니 어디서든 전문가로 인정받을 수 있다는 점도 장점인 것 같아요.

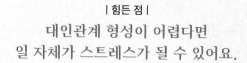

| 힘든 점 |

대인관계 형성이 어렵다면
일 자체가 스트레스가 될 수 있어요.

톡(Talk)!
임부용

　내성적이거나 여러 대인관계의 형성을 싫어한다면 회계사의 업무나 사람을 만나는 일 자체가 스트레스일 수 있으므로 본인의 성향을 잘 파악할 필요가 있어요. 그러나 적극적이지 않은 성격이라도 회사의 업무지원부서나 내부감사부서 등에서 본인의 적성에 맞는 일을 선택하여 근무할 수도 있기에 어떤 성향이든 회계사 자격취득은 추천합니다.

톡(Talk)!
김태형

| 힘든 점 |

업무강도가 높은 편이라서 철저한 자기관리가 필요하죠.

　타 업종보다 업무강도가 높은 편이에요. 가끔은 밤을 지새우며 일할 때도 있고 과도한 업무량 때문에 건강 문제가 발생하는 주변 동료들도 많이 봤답니다. 스트레스는 항상 따라오는 것이고요. 따라서 회계사들은 자기관리가 필수겠죠.

| 힘든 점 |
야근과 출장이 잦고, 의사소통으로 인한 스트레스도 있어요.

야근과 출장이 매우 잦은 편이에요. 이전에는 Busy season에 야근이 집중되어 있었는데, 요즘은 시즌 가리지 않고 항상 야근이 많은 거 같네요. 그리고 인터뷰가 업무의 기본이기 때문에 높은 수준의 커뮤니케이션 기술이 요구되거든요. 회계사 일을 하다 보면 익숙해져서 어느 정도의 커뮤니케이션 기술이 갖추어지지만, 처음에는 저를 포함해서 힘들어하시는 분들이 많았던 것으로 기억해요. 또한 다양한 업종에 대해서 프로젝트를 수행하기 때문에 공부를 내려놓을 수 없는 직업이죠. 자유롭고 선택폭이 넓은 직업이라서 오히려 그것이 어려움으로 다가올 수도 있어요. 보통 4~5년 차가 되면 어떻게 경력을 쌓을지에 대한 압박을 느끼게 되거든요.

| 힘든 점 |
관련 법이 늘 바뀌기에 공부의 끈을 놓을 수 없어요.

합격 후에도 끊임없이 공부해야 한다는 점입니다. 특히 세금은 정책에 따라 매년 수많은 조항이 신설되고 폐지되기 때문에 꾸준히 공부해야 하죠. 세법이 워낙 복잡하기에 단시간에 전문가가 될 수는 없어요. 합격하고 나서도 방망이 깎는 노인의 심정으로 실무를 하면서 조문 하나, 법령 하나 깊게 공부해야 하죠.

| 힘든 점 |
타 업종에 비해 업무 강도가 높은 편이죠.

업무 강도가 강한 편입니다. 회계감사 시즌에는 정말 바쁠 때는 하루 2~3시간만 자면서 한 달 정도 일만 해야 하는 시기도 있답니다. 실제로 많은 동료 회계사들이 이러한 업무 강도 때문에 많이들 그만두기도 한답니다.

| 힘든 점 |
회계 업무 특성상 과거지향적, 보수적 시각에 갇힐 수 있답니다.

미래보다는 과거에 매몰되기 쉽다는 점이에요. 회계사가 보는 회사의 숫자는 대부분 이미 확정된 과거의 숫자랍니다. 이 과거의 숫자가 적절하게 표시되고 있는지 확인하는 것이 회계사의 일반적인 업무죠. 그러다 보니 자연스럽게 사실과 사물을 바라봄에 있어서 보수적인 시각을 가질 수밖에 없어요. 또한 회사 차원에서도 당장 눈에 보이는 가치를 창출하는 것이 회계의 영역이 아니다 보니 상대적으로 홀대 되는 경우도 많습니다.

회계사 종사현황

○ 학력 분포

대졸 80%/ 대학원졸 13%/ 박사졸 7%

○ 전공학과 분포

인문계열 3%/ 사회계열 87%/ 교육계열 3%/ 자연계열 7%

○ 관련 전공

경영학과, 경제학과, 금융·보험학과, 세무·회계학과

○ 임금수준

회계사의 임금수준은 하위(25%) 6,083만 원, 평균(50%) 7,524만 원, 상위(25%) 10,338만 원이다.

○ 직업 만족도

회계사에 대한 직업 만족도는 76.4%(100점 기준) 이다.

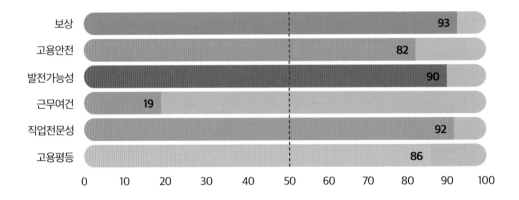

출처: 워크넷 직업정보/ 직업백과

회계사의

생생
경험담

미리 보는 회계사들의 커리어패스

임부용 지점장/이사   전남대학교 경영대학 수석졸업, (재학중 공인회계사 합격) 및 삼일회계법인 입사   ❯   신한회계법인, 광주, 전주, 제주지방법원 조사위원, 광주디자인센터 감사

김태형 M&A 분석가   서강대 경영학과 졸업 (재학중 공인회계사 합격)   ❯   삼정KPMG 회계감사본부, 개인 스타트업 회사 운영

송재근 대표   경북대학교 경영학과 졸업 (재학중 공인회계사 합격)   ❯   삼정회계법인 감사/세무/FAS본부 근무

김기남 회계사   고려대학교 동양사학과, 경제학과 복수 전공, TESAT 대학생 부문 대상 수상   ❯   한국공인회계사 시험 합격

권상용 회계사   성균관대학교 경영학과 졸업 (삼성 장학생)   ❯   공인회계사 합격, 삼일회계법인 감사본부 입사

박상민 회계사   경북대학교 경제통상학부 졸업   ❯   공인회계사 합격, EY한영 회계법인 감사팀

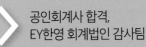

> 회계법인 길인

> 현) 세연회계법인 중앙분사무소
>   지점장/이사
> 현) 국세청(본청) 국선세무대리인

> 삼정KPMG M&A 본부,
> 웰투시 사모펀드

> 현) 투자은행 M&A 분석가

> 코레이트자산운용 투자운용팀, 투자자산
> 운용사/ 공인중개사 자격 취득

> AP택스파트너스 대표 공인회계사,
> AP부동산중개컨설팅 대표 공인중개사,
> 과천지식정보타운 심의위원,
> 과천시 선거관리위원회 위원

> Deloitte 안진회계법인
> (Audit 및 Financial Advisory service 팀)

> 현) 삼덕회계법인 회계사

> 공인원가분석사 합격

> 현) 삼일회계법인 감사본부 회계사

> 안진Deloitte 회계법인 감사팀

> 현) 회계법인 더올 회계사

전남 목포에서 태어나 목포고등학교를 졸업하였다. 중고등학교 시절 학원의 도움 없이 혼자 공부했던 습관이 나중에 회계사 시험을 준비하는 데 큰 도움을 주었다. 수능시험이 끝나고 회계사라는 직업에 대해 처음 알게 됐고, 회계사라는 직업을 목표로 관련 학과인 전남대학교 경영학부에 입학하게 되었다. 4학년 재학 중이던 2008년에 공인회계사 시험에 합격하였으며, 같은 해에 학교에 다니면서 삼일회계법인 광주지점에 입사하였다. 삼일회계법인에 재직 중이던 2009년 8월 전남대학교 경영대학을 최우수로 졸업하였다. 경영학부에 진학하였기에 회계사 시험 외에도 금융권 취업에 도움이 되는 자격증을 여러 개 취득하였다(증권투자상담사, 선물거래상담사, 재경관리사, 기업회계1급, 세무회계1급, 신용분석사, 자산관리사 등). 삼일회계법인에서 수습을 마치고 4년간 근무 후 신한회계법인과 회계법인 길인을 거쳐 현재 광주광역시에 소재한 세연회계법인 중앙분사무소의 지점장 겸 이사로 활동하고 있다.

세연회계법인

임부용 이사/지점장

현) 세연회계법인
현) 국세청(본청) 국선세무대리인
· 광주디자인센터 감사
· 광주, 전주, 제주지방법원 조사위원
· 신한회계법인
· 삼일회계법인
· 전남대학교 경영대학(수석) 졸업

회계사의 스케줄

임부용
회계사의
하루

08:00 ~ 08:30
▸ 기상
08:30 ~ 09:30
▸ 헬스장 또는 수영장에서
아침 운동 또는 산책

23:00 ~
▸ 취침 또는 TV 시청 등

17:30 ~ 22:00
▸ 퇴근 후 거래처
사장님들과
식사 및 상담
(매주 화요일은
MBA수업 참석)

09:30 ~ 11:30
▸ 사무실 업무 또는
고객사 방문 현장
업무

12:30 ~ 17:30
▸ 사무실 업무 또는
고객사 방문 현장
업무

11:30 ~ 12:30
▸ 점심 식사

의대 진학을 포기하고 회계사를 꿈꾸다

▶ 여동생과 함께

▶ 유치원 졸업사진

▶ 어머니, 여동생과 함께

학창 시절을 어떻게 보내셨는지요?

제 고향은 전남 목포시입니다. 넉넉하지는 않았지만, 자녀들을 위해서 궂은일을 마다치 않고 열심히 하시는 부모님을 보면서 빨리 성공해서 효도하고 싶다는 생각을 많이 했었죠. 남중, 남고에 다니면서 남자친구들과만 어울리다 보니 남성적이며 외향적인 성향이 발달했던 거 같네요.

Question **어린 시절 특별히 관심을 두었던 과목이나** 흥미를 느낀 분야가 있었나요?

역사 과목을 좋아했습니다. 어떤 사건이 일어난 연도나 문화재의 이름을 외우는 등 암기식 공부는 매우 싫어했어요. 하지만 과거 여러 국가의 흥망성쇠와 역사를 바꾼 중요한 사건이 일어난 이유를 알고, 그 사건의 결과를 통하여 배우게 되는 교훈은 정말 흥미로웠죠.

Question **중고등학교 시절은 재미있고** 의미 있게 보내셨나요?

제가 학교에 다니던 시절엔 시험을 통해서 고등학교에 진학하는 비평준화 진학제도가 시행되고 있었어요. 중학교 때는 밤 9시까지, 고등학교 때는 자정까지 야간자율학습을 해서 개인적인 자유시간은 거의 없었답니다. 그래서 친구들과 학교에서 웃고 떠드는 게 유일한 낙이었죠. 성적은 중학교 때는 반 인원이 45명 중에 1, 2등 했었고, 고등학교 때는 모의고사 기준으로 전국 2~4% 수준이었습니다.

본인의 희망 직업과 부모님의 기대 직업 사이에 마찰은 없었나요?

학창 시절에는 의사가 되려고 고등학교도 이과로 진학했었어요. 부모님은 제가 하고 싶은 일을 하면 된다고 하실 뿐 특정 직업을 권유하시거나 기대하지 않으셨어요.

학창 시절 미래의 직업에 도움이 될 만한 활동을 하셨나요?

중고등학교에 다니던 시절에는 주로 주입식 교육이었기 때문에 특별한 프로그램을 거의 접하진 못했어요. 그 시절에도 많은 학생이 학원에 다니긴 했지만, 제 경우엔 별도로 학원에 다녀본 적은 없습니다. 대부분 집에서 혼자 공부했었죠. 이때 학원에 다니지 않고 혼자 공부했던 습관이 나중에 학원 도움 없이 회계사 시험을 준비하는 데 큰 도움이 되었어요. 그리고 회계사 시험에 합격하고 회계사 생활을 할 때도 다양하고 새로운 업무를 창의적으로 해결하는 데 많은 도움이 되었다고 생각해요.

의대에 목표를 두고 공부하시다가 회계사로 전향하신 이유가 있나요?

고등학교까지는 성적이 좋은 편이었기에 의대에 진학하려고 준비하고 있었죠. 그런데 수능시험에서 이제껏 본 시험 중에서 가장 낮은 점수를 받았죠. 재미없는 국어, 영어, 수학 등에 매달려서 수능을 다시 도전하는 건 너무 싫었기에 재수는 하지 않기로 했어요. 수능시험이 끝나고 회계사라는 직업에 대해 처음 알게 됐는데, 당시 회계사가 돈을 많이 번다는 이야기에 혹해서 관련 학과인 경영대학에 진학하게 되었답니다.

경영대학에 입학한 목적 자체가 공인회계사 시험을 준비하는 것이었기 때문에 1학년 때부터 바로 회계사 시험공부를 시작했습니다. 모든 대학교는 공인회계사 시험을 준비하는 고시반을 별도로 운영하고 있어요. 제가 다니던 전남대학교는 '경사원'이라는 회계사 시험 준비반이 있었고, 1학년 2학기 때 시험을 치러 '경사원'에 입실하게 되었죠. 아쉽게도 회계사 시험에 합격할 때까지 다른 동아리 활동은 하지 못했어요.

 **대학 시절 학업 외에 다른 활동에 관한** 경험을 나눌 수 있을까요?

보통 대학생들은 취업을 위한 스펙을 쌓기 위한 봉사활동을 하곤 합니다. 그런데 이 봉사활동이 시간을 채우기 위한 목적이었기에 저는 그런 식의 봉사활동이 싫었어요. 그래서 대학 3학년 때 광주북구노인복지회관에 혼자 방문해서 봉사활동이 필요한 분들을 소개해 달라고 부탁했죠. 그때 집 담벼락이 기울어 걱정하시는 할머니를 소개받게 됐어요. 주변 선후배들에게 도움을 청하고, 당시 다니던 전남대 교회와 전남대학교에 지원을 요청해서 활동 자금을 받아 할머니의 오래된 담벼락을 허물고 다시 담을 쌓은 적이 있습니다. 이후 후배들과 도배가 필요하신 분들에게 도배 봉사도 하고, 쌀을 사서 전달해 드리는 활동도 했었고요. 공인회계사 2차 시험을 준비하는 동안 진행했던 봉사활동이었기에 더욱 기억에 남네요. 현재 제 아내도 봉사활동을 하면서 만났습니다.

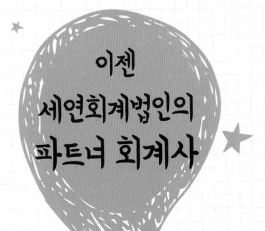

이젠
세연회계법인의
파트너 회계사

▶ 고등학교 졸업식

▶ 봉사활동 중에

▶ 회계사 시험 합격 후 베트남 여행

Question 학창 시절 회계사 직업에 도움이 될 만한 활동을 꼽는다면 어떤 게 있을까요?

회계사는 사람을 많이 만나고 소통을 많이 하게 되는 직업입니다. 학창 시절부터 친구들과 어울리기 좋아했고, 대학 시절에는 여러 봉사활동을 하면서 사람들을 모으고 함께 문제를 해결하는 사례도 많았고요. 친구들과 원만하게 소통하고 주도적인 봉사활동을 통해서 다양한 사람들과 교류했던 경험이 현재 회계사 업무를 하는 데 많은 도움이 되고 있다고 봐요.

Question 회계사의 길을 걷겠다는 결심은 어디에서 비롯되셨나요?

돈을 많이 벌어서 빨리 부모님께 효도하고 싶다는 생각을 어렸을 때부터 계속했기에 연봉을 많이 받는다는 회계사를 선택하게 되었죠. 하지만 모든 전문직이 그렇듯이 본인의 역량에 따라 벌어들이는 수입이 천차만별이에요. 무조건 합격만 하면 많은 돈을 벌 수 있다는 생각은 경계해야 합니다. 그리고 일정 수준 이상 경력이 쌓이면 본인이 개업하여 다른 사람의 지시를 받지 않고 업무를 수행할 수 있다는 점이 매력으로 다가왔죠.

Question 회계사 자격을 취득하려면 어떠한 준비과정과 경력이 필요할까요?

회계사는 자격시험을 통과해야만 하기에 다른 커리어는 필요 없다고 봐요. 일단 회계사 시험에 지원할 수 있는 최소 어학 수준(현재는 토익 700점)만 충족시키고, 단기간에 합격할 수 있도록 생활을 단순화하고 전력을 다해 공부하는 게 중요합니다. 최소 3년, 길게는 10년까지도 다른 생활은 못 하고 준비해야 하는 시험이죠. 도전하기 전에 마음을 다잡는 게 필요하겠습니다.

Question 회계사로서 지금까지 걸어오신 과정을 알고 싶습니다.

국내 최대 회계법인인 삼일회계법인에서 공인회계사 수습 절차를 밟고 약 4년간 근무했습니다. 이후 신한회계법인 등 회계법인에서 회계감사, 세무대리, 기업자문 등 다양한 업무를 수행했어요. 현재는 세연회계법인이라는 중소형 회계법인의 파트너 회계사로서 임원으로 활동하고 있어요. 파트너 회계사는 회계법인 내에서 자신의 독립된 팀을 운영하는 지위에 있는 회계사를 말합니다.

Question 회계사가 된 후 첫 업무에 관한 기억을 공유할 수 있을까요?

전라남도 여수에 있는 유류 탱크를 관리하는 회사에 대한 회계감사가 첫 업무였죠. 당시에는 신입 회계사로서 가장 단순한 현금과 금융자산에 대한 감사업무를 하게 되었어요. 대학교 재학 중에 엑셀 사용 방법도 모른 채 현장에 투입되다 보니, 현재는 반나절만에 해결할 업무를 당시에는 3일 동안 고민했었던 기억이 납니다.

Question 세연회계법인과 현재 하시는 업무에 대한 소개 부탁드립니다.

현재 몸담은 세연회계법인은 공인회계사 27명으로 구성되어 있으며, 저는 광주광역시에 있는 중앙분사무소의 지점장이면서 파트너 회계사입니다. 회계법인의 주 업무는 회계감사와 사업자들의 세무신고를 대리하는 세무대리, 회계업무를 대리하는 기장대리예요. 제 경우엔 세무조사에 대한 대리업무와 조세불복업무, 각종 소송사건에 대한 자문 및 M&A 자문 등 다양한 업무를 추가해서 수행하고 있죠.

지금까지 하셨던 회계사 업무 중에서 가장 보람 있었던 일은 무엇인가요?

국세청에서 봉사활동으로 국선 대리업무를 수행했던 건들이 가장 기억에 남네요. 그 중에 소규모 태양광 발전소를 운영하시는 영세납세자분이 억울하게 1천만 원의 세금을 돌려받지 못하고 계셨어요. 비 오는 날 태양광 시설이 설치된 시골 논에 찾아가서 조사 관분들과 현장을 실사하고 여러 자료로 소명하여 결국 세금 전액을 환급받게 된 사건이 었죠. 또 근로장려금을 받지 못해서 억울해하시는 분의 사건을 국세청으로부터 의뢰받아 대리업무를 수행하여 지원금을 받게 해 드린 것도 보람 있는 일이었습니다. 그 외 2년이 넘는 기간 각고의 노력 끝에 50억 원이 넘는 법인세를 환급받았던 사건도 중요한 업무 경험으로 남아 있어요.

Question

회계사로 일하시면서 힘들고 어려웠던 경험도 있을 텐데요?

회계사만이 수행할 수 있는 가장 중요한 업무는 회계감사입니다. 회계감사는 기업의 재무제표가 정직하게 작성되었는지 감시하는 업무인데, 가끔 서류 조작 등 부정한 행위를 한 사람들과 부딪히는 때가 있죠. 이럴 때 회계사들은 직업적으로 힘들게 느낄 수 있습니다.

Question

회계사의 수입과 직업적 전망에 관해 알고 싶습니다.

신외부감사법의 도입으로 현재는 신입 회계사도 5천만 원 이상의 연봉을 받는 것으로 알고 있습니다. 통상 5년 차 이상 회계사가 되면 1억 원 이상의 연봉을 받으며 개업회계사의 경우에는 자기 능력에 따라 그 이상의 수익을 창출할 수 있죠. 요즈음 경제환경이 급변하고 사업체가 꾸준히 증가하고 있어서 여러 분야에서 회계사를 찾는 수요가 지속해서 증가하고 있어요. 개인적으로 어느 직업군보다도 장래가 밝다고 생각합니다.

회계는 수학이
아니라 논리학이다

▶ MBA 과정 수강 중 발표 사진

▶ 일본 요코하마 재고 실사

▶ 현재 사무실 전경

 **Question** 회계사로서 일하시면서 가장 중요하게 생각하는 직업 철학은 무엇인가요?

일단 저를 찾아주시는 분들에게 도움이 되어야 한다고 생각해요. 내가 어려운 시험을 통과했고, 전문 자격증을 갖고 있으니까 대충 일해도 된다고 생각하시는 전문가분들도 많은 거 같아요. 그러나 회계사를 찾아서 상담하시는 분들은 모두 각자의 중요한 고민을 해결하고자 고심 끝에 방문을 결정하고 상담하시는 겁니다. 그분들에게 도움이 될 수 있도록 항상 노력해야 한다고 생각해요.

Question 회계사로서 일하시면서 새롭게 알거나 깨달은 점은 있나요?

세상에는 제가 알고 있던 것보다 훨씬 다양한 종류의 사업과 사람들이 존재한다는 사실을 깨닫게 되었죠. 현재 15년 가까이 회계사 생활을 하고 있지만, 지금도 이전에 경험하지 못한 다양하고 새로운 업무를 계속 수행하고 있답니다. 세상은 넓고 할 일은 많고 각종 사건·사고와 분쟁도 많다는 사실을 알게 됩니다.

 **일반인들이 회계사 직업에 대하여 품는 오해가 있다면 어떤 것일까요?**

회계사라는 이름 때문에 보통 숫자만을 다루는 직업이라고 생각하시는 거 같아요. 회계라는 것은 여러 경제 실체들의 활동을 쉽게 알아볼 수 있도록 숫자로 표현한 것이기에 수학이 아닌 논리학에 더 가깝다고 봅니다. 제 경우엔 단순히 수치를 계산하는 게 아니라, 어떤 사건에 관한 논리적인 정리를 서면으로 작성하는 업무가 오히려 많아요. 따라서 글쓰기 업무가 주요 업무예요. 이 과정에서 정리된 수치가 보고서에 표시되기도 하는 것이지, 회계사가 단순히 계산업무만을 수행하는 건 아니랍니다.

Question 스트레스 해소나 건강관리를 어떤 식으로 하시나요?

1년에 10일에서 14일 정도 제주도에 산책하러 여행을 갑니다. 혼자 바닷가를 보면서 계속 걷다 보면 여러 가지 생각이 정리되고 스트레스도 사라지거든요. 그 외 평상시에는 만화책을 보거나 애니메이션이나 영화를 감상하는 것도 좋아하죠. 지인들과 여러 모임을 하면서 함께 어울리다 보면 스트레스가 해소됩니다. 그리고 수영장이나 헬스장에서 운동으로 건강관리도 하고 있어요.

Question 회계사로서 앞으로의 포부나 희망을 듣고 싶습니다..

일반 회계사라는 직업인을 넘어서 지역사회에 공헌하는 전문가로 성장하고 싶어요. '임부용 회계사'라는 이름을 들으면 믿을 수 있는 사람이라는 평판을 얻을 수 있도록 계속 노력할 예정입니다.

Question 더 나은 회계사로 진화하기 위해서 어떤 걸 보완하시려고 하나요?

여러 쟁송 사건에 대하여 자문하다 보니 글쓰기의 중요성을 많이 느끼곤 해요. 회계사는 회계처리나 세무신고 등의 업무뿐만 아니라 다양한 경영 자문 업무도 수행한답니다. 그래서 서면을 잘 작성해야 하고, 각종 위원회에 출석하여 대리인으로서 의견진술을 하는 때도 많죠. 논리적인 말하기 연습의 필요성도 절실하게 느껴서 다양한 책을 읽고 글쓰기 능력을 향상하고 싶어요.

Question 가까운 사람에게 회계사 직업을 추천하실 건가요?

회계사라는 직업은 3~4년 정도 인고(忍苦)의 시간을 갖고 경력을 쌓아 놓으면 자유롭게 자기 시간을 활용할 수 있다는 점이 큰 매력이에요. 매년 반복되는 일상적인 업무도 있지만, 프로젝트 별로 진행되는 업무가 많아서 업무의 수임과 진행, 종결 시점도 상당한 재량으로 조절할 수 있죠. 자기 업무를 모두 잘 처리했다면, 사람이 많은 휴가철을 피해 비수기나 평일에도 자유롭게 휴가를 사용할 수 있어요. 또한 다양한 사업을 운영하는 사장님들과 친분을 쌓게 되고, 각계각층의 인사들과도 교류하게 되어 견문을 넓힐 수도 있죠. 여러 사업을 간접적으로 체험할 수 있기에 회계사의 업무를 넘어 다른 사업에 직접 참여하여 본인의 업무영역을 확장할 수도 있답니다. 저는 회계사라는 직업을 강력히 추천합니다.

회계사를 꿈꾸는 청소년들에게 응원의 한 말씀.

회계사 자격시험은 누구나 노력하면 결국은 합격할 수 있는 시험이에요. 자기 자신과 가족의 인생을 소중히 생각하는 사람은 한 번쯤 인생을 걸고 도전해 볼만 하다고 생각합니다. 그러나 여기서 노력은 보통의 노력을 의미하는 것은 아니고, 사람마다 재능에 따라 뼈를 깎는 노력이 필요하기도 하죠. 그냥 좋다고 하니 도전해볼까 하는 안일한 자세로 임해서는 안 됩니다. 합격하고 나서 지속해서 자기 계발을 해 나간다면 '회계사'는 그 노력에 상응하는 충분한 보상을 받을 수 있는 훌륭한 직업이라고 생각해요. 이 책을 읽은 여러분을 필드에서 만날 수 있기를 기원합니다.

어릴 때부터 적극적이고 활동적인 성격으로 다양한 활동에 관심을 두고 살았다. 남달리 수학을 좋아하여 한때 수학 교사를 꿈꾸기도 하였으나, 투자은행에 입사한 고등학교와 대학교 동아리 선배들의 영향으로 회계사 직업에 관심을 두게 되었다. 서강대 경영학과에 입학하여 고시반에서 회계사 시험을 준비하였고, 합격 후에 회계법인 감사본부에 입사하여 근무하였다. 회계법인은 크게 회계감사본부와 M&A 본부, Tax 본부로 나뉘는데, 회계법인 회계감사본부에서 파트 타임으로 일할 때는 개인 스타트업 회사를 운영하기도 했다. 이후 삼정KPMG M&A 본부에 입사해서 기업들이 다른 기업들을 사거나 팔 때, 이를 자문해주는 업무와 회사의 주식 가치를 산정하는 업무를 약 6년 동안 맡았다. 이후 사모펀드를 거쳐 현재는 투자은행에서 M&A 분석가로 일하고 있다.

투자은행
김태형 M&A 분석가

현) 투자은행 M&A 분석가
- 웰투시 사모펀드
- 삼정 KPMG M&A 본부
- 삼정 KPMG 회계법인 회계감사본부
  개인 스타트업 회사 운영
- 서강대 경영학과 졸업

업무의 특성상 회사명을 밝힐 수 없음을 양해바랍니다.

회계사의 스케줄

김태형
회계사의
하루

03:00 ~
▸ 퇴근

07:30 ~ 08:30
▸ 기상 및 출근

18:00 ~ 19:00
▸ 저녁 식사
19:00 ~ 03:00
▸ 특정 회사에 대한
  투자 타당성 검토 등

08:30 ~ 10:00
▸ 환율, 유가, 금리 등의
  지표에 대한 임원 보고
10:00 ~ 11:30
▸ 거래처 관리 및 이메일
  업무 수행

13:00 ~ 18:00
▸ 특정 회사에 대한
  산업분석, 기업분석 등

12:00 ~ 13:00
▸ 점심시간

남달리 수학을
좋아했던
적극적인 아이

▶ 어린 시절

▶ 어린 시절

▶ 어린 시절

어린 시절 어떤 성향의 아이였나요?

매우 적극적인 아이였죠. 하루에 발표를 6번밖에 못 했다며 집에 와서 엄마 품에서 울기도 했었고 반장이나 회장 같은 학급의 임원 맡는 것도 좋아했어요. 축구를 매우 좋아해서 점심시간마다 친구들과 축구를 했고요. 초등학교 5학년 때는 보이 스카우트 활동도 했습니다. 책을 읽는 것은 별로 좋아하지 않았지만, 만화책은 좋아해서 정말 많이 봤어요. 만화책을 읽었던 습관이 속독 능력을 키워서 지금도 책을 남들보다 빠르게 읽는 편이에요.

Question 학창 시절 남달리 흥미가 있었던 과목이나 분야가 있었나요?

남달리 수학을 정말 좋아했어요. 한때 수학 선생님을 꿈꿨던 적도 있을 정도로요. 수학 선생님들이 수업하시는 걸 보면서 '나는 더 쉽게 가르칠 수 있는데'라고 자주 생각했었죠. 지금 생각해보면 정말 건방진 생각이었네요.

Question 중고등학교 시절부터 학업에 대해서 열정이 많으셨나요?

중학교 땐, 중간고사가 끝난 뒤 1주일 후부터 독서실에서 기말고사를 준비할 정도로 성적에 대한 욕심이 많았어요. 반에서 1등을 놓치고 싶지 않았거든요. 고입 시험 한 달 전에는 새벽 5시에 자서 아침 7시에 일어나기도 했답니다. 교우 관계는 원만한 편이었고 축구와 농구를 좋아해서 점심시간마다 매일 운동했었죠.

학창 시절에 특별히 원하셨던 희망 직업은 무엇이었나요?

저는 수학 선생님이 꿈이었어요. 조금은 건방진 말이지
만, 학교나 학원 선생님들보다 더 재미있고 이해하기 쉽게
가르칠 수 있다고 생각했었습니다. 공부하기가 너무 싫은
날이면 수학 문제를 풀었을 정도로 수학을 좋아했어요. 부
모님께서는 행정고시나 사법고시에 응시하길 원하셨어요.
하지만 대학교 고시반에서 회계사 시험을 준비하고 있을 때 옆
반에 사법고시 준비하는 반이 있었거든요. 사법고시 준비하는 사람들의 공부량을 보면
서 저는 사법고시에 응시할 역량은 안된다고 판단했어요.

Question 중고등학교 시절 회계사 업무에 도움이 될만한 활동이 있었나요?

회계사와 직접적으로 도움이 될 만한 활동은 없었지만 오래 앉아서 끈기 있게 공부하
는 습관이 2년 동안의 회계사 시험을 준비하는 바탕이 된 것 같네요. 그리고 중고등학교
시절 원어민의 대화를 다 알아들을 정도로 영어 듣기 과목을 열심히 공부했었답니다. 그
래서 그때 쌓았던 실력이 지금 업무를 수행하는 데도 크게 도움이 되고 있어요.

회계사에 관심을 두게 되신 특별한 계기는 무엇인가요?

회계사는 경영학과 학생들이 주로 지원합니다. 아버지께선 "남자는 세상을 크게 봐야 하고 각계각층의 여러 사람을 만나야 한다"라고 입버릇처럼 말씀하셨어요. 대기업에 입사하면 주로 자기가 속한 회사의 사람들이나 회사 업무와 관련된 사람들만 주로 만나지만, 회계사는 다양한 기업인들과 전문가들을 만나거든요. 그래서 회계사 시험을 준비했습니다

Question 진학이나 진로를 결정할 때 도움을 준 활동이나 사람이 있었나요?

고등학교와 대학교 동아리 선배들이 저에게 가장 많은 영향을 준 것 같아요. 골드만삭스나 모건스탠리와 같은 유명 투자은행에 많이 입사하셔서 세계 경제 이야기, 재테크 이야기, M&A 이야기 등을 저에게 많이 들려주셨거든요. 대학생에겐 사회인들의 현실 얘기가 너무 재미있었고, 어느새 그분들의 길이 저의 목표가 되었던 것 같아요. 회계사 시험 준비하는 동안 힘들 때도 항상 선배들을 떠올리면서 스스로 동기부여를 했었죠.

회계법인, 사모펀드를 거쳐 투자은행으로

▶ 초등학교 졸업식

▶ 중학교 입학

▶ 수능 준비 할 때

대학교에서 회계사와 관련된 동아리 활동도 하셨나요?

저는 학과 활동도 열심히 했지만, 무엇보다 재무 투자 동아리 활동을 열심히 했어요. 지금도 자주 연락하고 만나는 대학 동기, 선후배들은 모두 재무 투자 동아리에서 만난 사람들입니다. 재무 투자 동아리에서는 모의로 주식 투자를 하기도 하고, 자기가 선택한 회사의 주식을 사는 이유에 대해 동아리원들 앞에서 발표하는 시간을 자주 가졌죠. 실제 회사 투자와 관련된 능력은 입사 후에 많이 배양됐지만, 대학에서의 동아리 활동이 그 밑바탕이 됐어요.

대학 시절에 사업에 관심이 많으셨다고요?

네. 대학 시절부터 사업에 관심이 많아서 스타트업을 시작했지요. 컴퓨터 공학과 친구 2명, 영문과 동생 1명과 앱을 만들어 기업의 음료 제품을 홍보하는 일을 했답니다. 간략하게 설명하자면, 기업으로부터 홍보용 음료를 받아서 소비자들에게 무료로 제공한 뒤 저희가 개발한 앱을 통해 음료 홍보 글이나 동영상에 대해 소비자들이 '좋아요'를 눌러주면 집계된 '좋아요' 개수를 정산하여 기업으로부터 돈을 받는 일이었죠. 결과는 좋았지만, 사업의 진행 방향을 둘러싸고 멤버 간에 이견이 있어 계속하지 못했습니다.

학창 시절 현재 회계사 업무에 도움이 될 만한 활동이 있었나요?

경제 과목에 흥미를 느꼈던 게 큰 도움이 되는 것 같아요. 회계사 시험 과목 중에도 거시 경제학과 미시경제학이 있거든요. 물론 대학에서 배운 것이 더 많지만, 고등학교 때 경제 과목의 기초를 탄탄하게 다졌던 것이 대학뿐 아니라 회계사 시험 준비 과정에서도 큰 도움이 됐죠. 회계사가 되고 나서도 직장 동료나 클라이언트와 업무를 할 때 환율이나 금리 등 거시 경제에 관한 상식은 필수이기도 하고요.

Question **회계사로서 현재까지** 어떠한 과정을 거치셨나요?

회계법인 때는 항상 일에 치여서 살았던 것 같아요. 주말에도 출근하는 것이 일상이었고, 부모님을 뵙거나 강아지와 놀아줄 시간도 없을 정도였으니까요. 간혹 쉬는 날에는 온종일 잠만 자기도 했답니다. 바쁜 직장생활이었지만 좋았던 경험도 많아요. 해외 기업을 조사하기 위해 루마니아에 출장을 간 적도 있고요. 가족보다 오히려 더 많은 시간을 보내는 팀원들과 함께 놀러 간 적도 많아요. 회계법인에선 일은 많았지만 뛰어난 직장 동료와 친구를 만나기도 했죠. 사모펀드와 투자은행에서는 회사에 자금을 투자하는 업무를 맡았습니다. 투자할 만한 회사를 발굴하고 실제 투자하여 좋은 성과를 거두면 기업을 보는 시야가 넓어져요. 개인적으로 주식 투자를 하는데, 직장에서 배운 분석력을 활용하여 실제 개인 투자에 활용하기도 합니다.

회계사가 된 후 첫 업무는 어떤 것이었나요?

회계법인 감사본부에서 처음 일하게 되었는데 출근 첫날 재고조사를 하러 가게 됐어요. 재고조사란 회사가 재고로 가진 물건들이 실제로 몇 개인지 파악하는 일이죠. 저는 안타깝게도 냉동 창고에 있는 돼지고기 상자 수량을 점검하게 되었답니다. 8시간 동안 냉동 창고에서 일하면서 호된 입사 신고식을 치렀던 기억이 나네요.

회계사의 길로 접어들게 되신 결정적인 이유가 궁금합니다.

일단 많은 사람을 만날 수 있어서 좋아요. 여러 회사를 분석하고 실제 투자하면서 정말 많은 분야의 사람들을 만나게 되거든요. 무에서 유를 창조한 회사의 CEO, 다양한 산업에서 수십 년간 일한 산업 전문가분들, 변호사, 세무 전문가 등 각계각층의 사람들을 정말 많이 만날 수 있답니다. 이런 다양한 분야의 전문가들을 만나게 되면 제가 세상을 바라보는 시야가 훨씬 넓어지게 되고 저의 지식도 더 깊어지죠. 돌이켜 생각해보면 "다양한 사람을 만나야 한다"라는 아버지의 말씀이 회계사를 선택하게 된 결정적인 계기가 되었던 것 같아요.

Question **현재 투자은행에서 하시는** 일에 관한 설명 부탁드립니다.

주변에 투자받고자 하는 많은 회사가 있어요. 그 많은 회사가 제가 일하고 있는 회사에 찾아와서 투자를 요청하죠. 그러면 우리 회사는 투자할 만한 회사인지 분석·검토하고 좋은 회사라고 판단하면 자금을 투자해줍니다. 이를 위해선 회사의 재무적인 상태(안전한 회사인지)를 고려해야 하고, 회사의 미래 실적을 추정해야 하며 그 추정치를 바탕으로 회사의 주식 가치가 적정한지 파악하죠. 또 회사가 속한 산업이 성장성이 있는 사업인지 알아보기 위해 산업 자료를 조사하고요. 투자할 때 법무법인의 변호사분들과 함께 법률적인 리스크도 검토합니다

Question **회계사의 근무환경이나** 직업적 전망에 대해서 말씀해주세요

회계사란 직업이 실제로 매우 바쁜 직업이에요. 여자친구를 만날 시간이 없어서 이별한 적도 있을 만큼 항상 일에 쫓겨 살게 됩니다. 스트레스도 많이 받게 되고요. 다만 연봉은 대기업보다 높은 수준이고 업무가 과중한 만큼 성과급도 많이 받죠. 그리고 회계사가 되면 스스로 개업을 할 수도 있고 다른 회사로 이직할 기회도 많아요. 회계사의 직업적 전망은 매우 좋다고 볼 수 있죠. 점점 더 회계사를 찾는 회사들이 많아지고 있고 연봉도 계속해서 오르고 있거든요.

▶ 회사 회의룸에서

미래의 목표는
사모펀드 사장

▶ 후배와 야근하는 사진

▶ 클라이언트(호텔) 방문해서 찍은 사진

Question 회계사로서 일하시면서 배우거나 깨닫게 되신 점이 있을까요?

세상엔 참 똑똑한 사람이 많다는 사실을 알게 되었습니다. 각계각층의 전문가들을 만나다 보니 머리가 비상한 분들이 정말 많다는 사실은 체감하거든요. 같이 일하는 직장 동료의 지식수준과 통찰력에 놀랄 때도 많고요. 그래서 회계사는 주변에서 성장할 수 있는 자극을 많이 주는 직업 같아요.

Question 수학을 잘하면 회계사로서 일하는 데 유리한가요?

"수학을 잘해야 회계사가 될 수 있는 것 아닌가요?"라는 질문을 많이 받는데 회계사 업무가 주로 회사의 매출이나 원가 등 숫자를 분석하는 직업이긴 하지만, 수학과는 거의 관련이 없답니다. 본인이 수학을 싫어해서 회계사 시험은 통과 못 할 것 같다고 생각하시면 안 돼요.

Question 스트레스를 어떻게 푸시나요?

저는 지인들과 클럽에 가서 신나게 춤을 추거나 골프, 배드민턴 등의 운동으로 스트레스를 관리하고 있습니다. 가끔 컴퓨터 게임을 하기도 하고요.

지금까지 업무와 관련해서 기억에 남는 경험을 나눠주시겠어요?

감사본부 시절, 일요일 정오에 출근해서 화요일 새벽 3시 30분에 퇴근한 적이 있었어요. 지금은 아련한 추억이 됐지만, 그때 당시에는 너무나 힘들었거든요. 사모펀드에서 근무할 당시에는 매주 임원분들 앞에서 환율, 유가, 금리 등 거시경제지표에 관한 현 상황과 향후 예상을 발표했었죠. 매주 일요일에 출근하여 발표 자료를 준비하는 게 큰 부담이었어요. 성공적으로 발표하면 몸은 힘들었지만 많은 보람을 느낄 수 있었던 시간이었죠.

Question 회계사로서 인생의 목표나 비전에 대해 알고 싶습니다.

사모펀드를 직접 설립하여 사장으로서 제가 투자하고 싶은 회사에 투자해보고 싶습니다. 그러기 위해선 저 스스로 투자 철학을 정립해야 하고 산업과 기업에 대한 넓은 시야를 가져야겠죠. 그래서 시장의 역사에 기록될 만한 투자를 수행해보고 싶어요. 우수한 직원들을 선발하여 같이 토론하고, 때로는 나와 다른 상대방의 의견을 수용하면서 나의 지식을 확장하는 회사를 만들고 싶습니다.

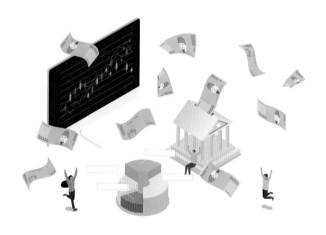

사모펀드를 설립하시기 위해 현재 하시는 자기 계발 활동이 있을까요?

책을 많이 읽어요. 독서는 다른 사람의 경험이나 철학을 간접적으로 경험할 수 있다는 점에서 매우 유용하죠. 책을 통해서 다른 사람이 성공한 방법이나 전략을 배우기도 하고, 앞으로 제가 나아가야 할 방향을 진지하게 생각해 볼 수도 있거든요.

Question **회계사 직업을 타인에게** 추천할 의사가 있으신지요?

물론입니다. 솔직히 나중에 자식을 낳게 되면 직업으로 회계사를 추천해 줄 생각입니다. 다양한 사람을 만날 수 있고 자기 일에 책임감을 품을 수 있기 때문이죠.

Question **회계사 직업에 관심이 있는** 청소년들에게 응원의 말씀 한마디.

청소년 여러분! 회계사는 연봉도 높고 뛰어난 직장 동료를 사귈 수 있는 좋은 직업이랍니다. 업무 강도가 높긴 하지만, 일하면서 보람도 많이 느낄 수 있어요. 절대 후회하지 않을 직업이니 긍정적으로 고려해 보시기 바랍니다. 대학교에서 경영학과를 졸업하면 회계사 시험을 준비하는 데 도움이 되므로 회계사가 되시길 원한다면 일단 경영학과에 지원해 보세요. 인생에서 제일 힘든 시기를 보내고 있는 청소년 여러분! 항상 힘내시고 꿈을 잃지 않으시길 바랍니다.

BUDGET

BUSINESS PLAN

DESCRIPTION

	Budget		
Finance	200,00 €		
Social Media	200,00 €	100,00 €	
Community	350,00 €	150,00 €	
Travel	300,00 €	250,00 €	
Media	100,00 €	200,00 €	
Partner	300,00 €	200,00 €	
Core business	500,00 €	200,00 €	
Forecast	200,00 €	300,00 €	
Other	50,00 €	500,00 €	
TOTAL	2200,00 €	200,00 €	
		80,00 €	
	2430,00 €		

중고등학교 시절 특별히 공부에 관심을 기울이지 않았으나, 고등학교 때 밀린 학습지를 단기간에 풀면서 성적을 끌어올리게 된다. 수학 교사가 되려는 마음으로 대학 전공도 수학과로 정하였으나 마음을 바꾸어 군대에서 다시 수능을 준비하여 경영학과로 입학하였다. 경영학과로 재입학한 후, 먼저 회계사 자격을 취득한 선배들의 권유로 본격적으로 회계사 시험을 준비하였다. 회계사 시험에 합격한 후에 삼정회계법인에서 감사, 세무, FAS 업무를 모두 경험하였고, 그중에 FAS 본부를 선택하여 5년간 구조조정과 부동산 관련 업무를 하였다. 이후 여의도에 있는 부동산투자운용사로 이직하여 2년 동안 부실채권(NPL) 투자 운용 업무를 하면서 다양한 부동산 경험도 쌓게 된다. 여러 해 동안 쌓아온 경험으로 현재는 부동산 중개와 회계사 사무실을 동시 개업해서 운영하고 있다. 부동산 중개를 주업으로 하는 국내 유일 공인회계사로 '집 사주는 회계사'라는 예명으로 수년 동안 부동산 중개 및 청약, 부동산 세금 등을 전문 분야로 일하고 있다.

AP택스파트너스·AP부동산중개컨설팅
송재근 대표

현) AP부동산중개컨설팅 대표 공인중개사
현) AP택스파트너스 대표 공인회계사
현) 베델자산관리 / 베델자산관리대부 사외이사
현) 과천지식정보타운 지식기반산업용지 심의위원
현) 경기도 과천시 선거관리위원회 위원
• 경기도 과천시 금고지정 심의위원회
• 중소벤처기업진흥공단 재기지원센터 상담위원
• 코레이트자산운용 부동산 NPL투자운용팀
• 한국공인회계사(KICPA), 세무사 자격취득
• 경북대학교 경영학과 학사

회계사의 스케줄

송재근
회계사의
하루

21:00 ~ 23:00
▶ 개인 시간
▶ 독서 및 취침

06:30 ~ 07:30
▶ 기상 및 아침
07:30 ~ 09:00
▶ 독서 (근처 커피숍)
09:00 ~ 10:30
▶ 웨이트 트레이닝

19:30 ~ 21:00
▶ 퇴근 및 저녁
▶ 집안일

10:30 ~ 13:00
▶ 오전 업무
  (부동산 중개/ 세무)

14:00 ~ 19:30
▶ 오후 업무
  (부동산 중개/ 세무)

13:00 ~ 14:00
▶ 점심 식사

밀린 학습지를 풀며
단기간에 성적을
끌어올리다

▶ 과천 서울랜드에서 부모님과 함께

▶ 돌잔칫날 4남매 함께 찍은 사진

▶ 고등학교 소풍 사진

Question 어린 시절 어떤 성향으로 어떻게 보내셨나요?

저는 3녀 1남의 막내아들로 태어났어요. 어머니께선 제가 아기 때부터 너무 조용하고 순해서 있는 듯 없는 듯했다고 말씀하시지만, 아마 누나들 눈치를 보느라 본색을 드러낼 수 없었던 게 아닐까 생각됩니다. 우리 집은 가족도 많고 집으로 놀러 오는 이웃과 동네 친구들도 많아서 사랑방처럼 늘 북적였었죠. 저도 또래 친구들과 함께 밤늦게까지 술래잡기하고, 동네 아이들과 겨울 산에서 눈썰매 타고 도랑에서 미꾸라지도 잡곤 했답니다.

Question 부모님에 대해서 어떤 기억을 갖고 계시나요?

아버지, 어머니는 두 분 다 40년을 쉼 없이 일하실 만큼 성실 근면하셨어요. 인내심도 강하셨고 무엇보다 저를 많이 사랑해주셨어요. 저도 '그릿(Grit)*'이 있다는 얘기를 종종 듣는데 다 부지런하셨던 부모님 덕분이라고 생각합니다.

* 그릿(Grit) : 미국의 심리학자인 앤젤라 더크워스가 개념화한 용어로, 성공과 성취를 끌어내는 데 결정적 역할을 하는 투지 또는 용기를 뜻한다. 즉, 재능보다는 노력의 힘을 강조하는 개념이다.

Question 부모님께서 원하셨던 직업 때문에 갈등은 없으셨나요?

저는 유치원 때부터 대학교 1학년 때까지 늘 선생님이 되는 것이 꿈이었습니다. 부모님은 어렸을 때부터 지금까지 저에게 구체적으로 무엇을 하라고 말씀하신 적이 없으세요. 그것보다는 더 근본적인 삶의 태도를 이야기해주십니다. 무슨 일이든 성실하게 부지런히 하라고요.

중학교 때 윤리 과목을 좋아하셨다고요?

중학교 윤리 첫 수업 시간에 선생님께서 사람인(人) 4개를 칠판에 쓰시면서 이게 무슨 뜻인지 아는 사람 손들고 대답을 해보라고 했는데, 평소에 발표도 잘 안 하던 제가 그땐 무슨 생각이었는지 대뜸 손을 들고 "사람이라고 다 사람이냐, 사람다워야 사람이다"라며 대답했던 기억이 납니다. 어디서 주워들은 걸 그냥 용감하게 얘기해본 거죠. 그때 윤리 선생님의 칭찬 이후로 윤리 수업을 더 열심히 듣고 또 좋아했던 것 같아요.

고등학교 때 수학 과목에 관심을 두게 된 계기가 있었나요?

중학교 때까지는 수학을 딱히 좋아하거나 잘하지 못했어요. 고등학교 1학년 때 수학 시간에 선생님께서 간단한 수학증명 퀴즈를 내셨는데, 마침 전날 학원에서 공부한 내용이 나온 거예요. 손을 들고 나가서 칠판에 문제를 풀었어요. 그때 이후로 자신감이 생겼는지 수학이 점점 좋아지더라고요. 수학은 계산만 정확하면 답이 딱 떨어지잖아요. 정확하게 맞췄다는 쾌감도 좋고, 계산 문제는 풀이 방식이 정형화되어 있어서 기계적으로 풀기만 하면 되니까 좋았던 것 같아요. 고3 때는 졸릴 때마다 수학 문제집을 꺼내 문제를 풀며 잠을 깨우던 기억도 납니다.

학창 시절에 공부에 흥미를 느끼고 매진했던 시기는 언제였나요?

운동을 좋아하고 친구들과 놀기 좋아하는 활달한 학생이었는데 공부를 본격적으로 했던 건 고등학교 2학년 겨울방학쯤으로 기억해요. 당시 월별로 발송되는 '블랙박스'라는 학습지를 구독했었는데, 공부에 흥미가 없다 보니 하나도 안 풀고 1년 치를 쌓아뒀었거든요. 부모님께서 열심히 일해서 번 돈으로 학습지를 신청해주셨는데 그대로 버리게 생겼으니 부모님께 죄송한 마음이 너무 컸어요. 버리기는 너무 아깝고 그래서 학습지 1년 치를 겨울방학 2달 동안 모두 풀었답니다. 누가 시킨 건 아니었고, 별생각 없이 방학 동안 학습지 밀린 거나 풀자 그런 생각이었어요. 그렇게 방학을 보내고 고등학교 3학년 때 처음 친 모의고사에서 성적이 전교 150등에서 4등으로 수직으로 상승했습니다. 지금 생각해보면 제 인생 처음으로 '작은 성공'을 경험했던 것 같아요. '하면 되는구나'라는 깨달음과 자신감도 얻었고요.

중고등학교 시절 진로나 직장생활에 도움이 될 만한 활동이 있었나요?

진로에 직접적인 도움이 된 건 아닌데 고등학교 때 댄스동아리 활동을 했어요. 솔직히 춤을 잘 추는 편은 아니었지만, 활동적이고 나서기 좋아하는 성향이다 보니 돋보이고 싶어 댄스동아리에 들어가게 되었지요. 지역 댄스 축제 경연대회도 나갔고요. 비록 입상하진 못했지만, 대회에 참가했다는 사실만으로도 자신감이 많이 생겼던 것 같아요. 이때 배운 리듬감과 알량한 춤 솜씨로 사회생활 하면서 회식 자리에서 분위기를 띄우는 몸 기술 하나는 익힌 셈이죠. '나는 회계사지만 노는 것도 잘해'라는 자긍심을 가질 수 있는 것 같아요.

어릴 때부터 경제나 회계사 관련 직업에 관심이 있었나요?

유치원 때 처음 작성한 장래 희망이 '선생님'이었어요. 누군가를 가르치고 도움을 줄 수 있는 사람이 된다는 걸 어렸을 때부터 사명처럼 받아들였던 것 같아요. 고등학교 때 수학을 좋아하게 되면서 자연스레 대학 전공도 수학과를 정하게 되었죠. 그런데 대학교에 진학하고 많은 사람을 만나고 어울리면서 선생님이란 역할을 제가 잘 해낼 수 있을까 하는 의심이 들었어요. 좋은 선생님이 되고 싶었는데, 한창 민감할 아이들의 마음을 읽어주면서 수학을 재미있게 30년 동안 가르칠 수 있을까? 용기가 나지 않더라고요.

군대에서 다시 수능을 준비했습니다. 전 해군을 나왔는데 흑산도에서 배를 타다가 육상근무로 발령이 났어요. 육상근무는 일과를 끝낸 저녁에 제법 시간이 남아서 그때그때 공부했죠. 병장 때 말년휴가를 나와 수능을 다시 쳐서 경영학과로 입학했습니다. 경영학과로 재입학한 후 동아리, 동문, 기숙사 모임 활동 등을 하면서 다양한 사람들과 어울리고 즐겁게 학교생활을 했답니다. 처음에는 회계사가 되어야겠다는 생각을 딱히 하지 않았어요. 그런데 이과 출신이고 수학을 좋아하다 보니 경영학과 과목 중에서도 회계학 성적이 특히 좋았어요. 더군다나 먼저 회계사에 합격한 선배들이 저에게 회계사를 권유했기에 본격적으로 회계사 시험을 준비하게 되었습니다.

▶ 해군 복무 시절. 308조기경보전대에서 찍은 사진

▶ 해군 복무 시절. 흑산도 참수리호에서 찍은 사진

두 번째 대학 생활은 잘 적응하셨나요?

대학을 두 번 입학하다 보니 대학 생활을 더 재밌게 할 수 있었어요. "다시 어린 시절로 돌아가면 더 잘 할 수 있을 텐데"라고 말하곤 하잖아요. 친구들과 술 마시며 노는 것보다는 다양한 활동을 하고, 많은 사람을 만나려고 했어요. 대학 내 고등학교 총동문회장을 맡으면서 동문회 부흥을 이끌어보기도 하고, 필리핀으로 2주간 해외 봉사활동을 다녀오기도 했었죠. 기숙사 생활을 하면서 임원을 맡아 임원단과 함께 기숙사 축제 같은 것도 기획해봤고, 영상 창작 동아리에 가입해서 짧은 단편 영화의 배우로도 출연한 기억이 있네요. 졸업을 앞두고는 대학 내 봉사동아리 창단 멤버로 참여하기도 했답니다. 회계사 시험은 대학 3학년 때부터 준비하기 시작했는데 온전히 공부에 전념하기 위해서 전남대학교로 교환학생을 갔어요. 당시 교환학생으로 가면 등록금이 전액 면제였는데 덕분에 경제적 부담 없이 회계사 1차 시험을 준비할 수 있었죠.

부동산중개
+ 회계사 겸업
사무실 오픈!

▶ 필리핀 해외봉사활동 시절. 페인트 칠 중 학교 학생들과 함께

▶ 대학생 동아리 활동. 다문화가족과 함께 하는 사랑나눔행사 날, 사디다와 함께

▶ 필리핀 해외봉사활동 시절. 현지 학생들과 레그레이션 수업 중 찍은 사진

대학 시절 다양한 활동을 하셨는데 특별히 기억에 남는 일은 무엇인가요?

　회계사 2차 시험을 치르고 나면 발표까지 2달의 시간이 있는데요. 24일 동안 혼자 자전거를 타고 전국 여행을 떠났었죠. 계획한 날짜가 돼서 출발하려고 하는데 하필 그날 태풍이 오는 거예요. 이런저런 고민을 한참 하다가 그냥 계획대로 당일 출발했습니다. 출발하자마자 두말할 필요도 없이 옷이며 자전거며 비에 흠뻑 젖어버렸죠. 그렇게 서울에서 춘천까지 가고 있었는데, 그 와중에 갑자기 자전거 뒷바퀴까지 펑크 난 거예요. 비는 쏟아지는데 비를 피할 곳도 없는 국도 옆에서 자전거 펑크 수리하려고 쪼그려 앉았어요. 허둥지둥 가방에서 수리 공구 꺼내어 고치면서도 이 상황이 어찌나 어이가 없던지 혼자 미친 듯이 웃었어요. 최악일 거라고 걱정했던 순간이 막상 닥쳐도 실제 겪어보면 그렇게 겁낼 필요는 없다는 사실을 그때 깨달았죠. 이틀 뒤 태풍이 지나가고 파란 맑은 하늘 아래 자전거 여행을 만끽했습니다. 울릉도, 독도, 한반도 가장 동쪽 끝이라는 포항 호미곶과 최남단 남해 땅끝마을도 다녀왔고요, 마지막 3일 동안은 제주도도 일주했어요. 스마트폰도 없던 시절이었는데, 홀로 여행하며 지나온 20대를 정리하고 사회에 나가기 전 온전히 홀로서기 준비를 할 수 있었던 귀한 시간이었답니다.

▶ 자전거 전국 여행 중.
　해남 땅끝마을 땅끝탑에서 찍은 사진

▶ 자전거 전국 여행 중. 독도에서 찍은 사진

Question 회계사의 길을 결정하시게 된 계기가 궁금합니다.

대학 신입생 때 교환학생으로 온 한 친구가 저에게 회계사 직업을 권했어요. 수학을 잘하니까 경영학부 학생들이 많이 도전하는 회계사 공부를 해보는 게 어떻겠냐고요. 그때는 진지하게 받아들이지 않았어요. 그런데 해군 복무 시절 배를 같이 탔던 장교가 야간근무하면서 제 학창 시절 얘기를 듣더니 "숫자 좋아하면 회계사 하면 되겠네"라고 말씀하시더라고요. 회계사가 뭔지도 몰랐지만, 이분도 같은 생각을 하니까 궁금하긴 했어요. 제대 후 경영학과로 재입학을 한 후에 조장, 동문회장, 동아리 활동 등을 하면서 지내다 보니 회계사보다는 마케팅 쪽 일을 하고 싶은 거예요. 그래서 마케팅의 꽃, 대학교 홍보대사에 지원했죠. 한창 자신감이 넘칠 때인데다 면접도 나름 탄탄하게 준비했었고, 실제로 면접도 잘 봤답니다. 그런데 최종면접에서 떨어졌어요. 홍보대사 모집 대상은 신입생이었는데 전 무늬만 신입생이었던 복학생이어서 나이 때문에 떨어진 거죠. 그때 깨달았어요. 누구에게나 인정받을 수 있는 실력을 쌓아야겠다고요. 실력으로 승부를 볼 수 있는 직업, 그것이 저에겐 '회계사'였습니다.

Question 회계사 시험에 합격하시고 이제까지 어떠한 과정을 거치셨나요?

2008년 회계사 시험에 최종 합격하고 삼정회계법인에서 회계사 생활을 시작하게 되었어요. 다른 4대 회계법인에도 합격했었는데, 서울이 낯설고 새로웠던 저에게 삼정회계법인이 있던 강남 스타타워가 그렇게 멋있어 보일 수가 없었어요. 당시 삼정회계법인은 신입 회계사에게 다양한 업무를 경험하라는 취지에서 3개월 단위로 본부를 옮길 수 있는 풀링(Pooling) 제도를 운용하고 있었죠. 저는 운이 좋게도 2년 동안 감사, 세무, FAS 업무를 모두 경험했어요. 그중에 제일 재미있었던 FAS 본부를 선택하여 5년간 구조조정 및 부동산 관련 업무를 했습니다. 이후 여의도에 있는 부동산투자운용사로 이직하여 2년 동안 부실채권(NPL) 투자 운용 업무를 했고요. 전국에 있는 공장, 상가, 땅 등 매각 물건을 평가하여 투자하고 회수하는 업무였는데, 함께한 팀원도 너무 좋았고 다양한 부동산 경험도 쌓을 수 있는 성장의 시간이었답니다. 그렇게 쌓인 경험을 바탕으로 2018년도에 지금의 부동산중개 + 회계사 겸업 사무실을 오픈했습니다. 회계법인에 있을 때부터 부동산 업무를 많이 하다 보니 자연스레 공인중개사도 관심을 두게 되었죠. 막상 사무실을 오픈하려고 보니 저처럼 듀얼로 개업하신 분이 주위에 아무도 없는 거예요. 얼음 속으로 뛰어드는 첫 번째 펭귄의 심정으로 개업했었고 다행히 많은 분이 찾아주셔서 즐겁게 일하고 있어요.

Question **회계사가 된 후 첫 업무는 수월하셨나요?**

첫 업무는 외국계 회사 감사업무였어요. 9월 말 결산법인이었는데 이론으로 배웠던 회계감사 규정을 실무에 반영하는 것도 낯설었는데, 영어로 된 자료를 받다 보니 더욱 헤맸던 기억이 납니다.

Question **어떠한 매력 때문에 회계사 직업을 선택하시게 되었나요?**

두 가지였던 것 같아요. 첫 번째는 아무래도 경제적인 부분이었죠. 저는 30대에 연봉 1억을 찍고 싶었어요. 지금은 1억 이상의 고액연봉자가 많지만, 제가 대학교 다닐 때만 해도 억대 연봉은 성공의 상징 같은 느낌이었거든요. 30대에 안정적으로 연봉 1억 이상을 받을 수 있는 직업 중에서 가장 끌리는 직업이 회계사였습니다. 두 번째는 인정 욕구였던 거 같아요. 어렵게 대기업에 입사하고 회사 내에서 인정받는다고 해도, 그건 같은 회사 사람만 알 수 있잖아요. 회계사는 자격증이다 보니 일단 합격만 하면 어느 회사에 가고, 어떤 일을 해도 전문가로서 인정받으면서 일할 수 있다는 점이 매력이라고 생각했죠.

Question **회계사가 되기 위해서 어떠한 역량을 키워야 할까요?**

영어점수나 학점처럼 회계사 시험을 치르기 위한 기본적인 사항 말고, 저는 다양한 경험을 권하고 싶어요. 방대한 경제 경영 지식이 필수지만, 그건 일하면서도 충분히 쌓아갈 수 있거든요. 회계사는 전문가적 의구심을 가지고 숫자를 바라보는 직업이에요. 기업이든 개인사업자든, NGO 같은 비영리단체든, 경영하면서 숫자를 사용하지 않는 곳은 없잖아요? 회계사는 숫자를 다루는 어느 곳에서도 유용하게 일할 수 있어요. 다양한 분야에서 일할 수 있기에 학창 시절에 겪을 수 있는 어떤 경험이든지 회계사 경력에 도움이 된다고 생각해요. 중요한 건 경험을 하는 것이죠. 불법적이지 않은 범위에서 어떤 것이든 좋아요. 망설이지 말고 해보세요. 회계사 시험은 마음의 준비가 어느 정도 되었을 때 2~4년 정도 집중하면 충분합니다.

Question **운영하시는 회사 소개와 더불어 현재 하시는 일에 관하여 말씀해주세요**

저는 부동산중개법인의 대표이자 세무회계업의 대표회계사로서 부동산중개업과 세무 업무를 동시에 하고 있습니다. 아파트, 땅, 상가 등의 부동산을 사고팔려면 먼저 공인중개사를 통해서 매매하고, 이후 회계사·세무사 사무실을 통해 세금 신고를 하죠. 그런데 세금을 미리 확인하지 않고 팔았을 때는 예상치 못한 세금 폭탄을 맞는 경우가 종종 있어요. 저희는 부동산을 사고팔기에 앞서 정확한 세금을 검토해서 안내하기 때문에 고객도 더 안심하고 거래할 수 있고요. 최근에는 내 집 마련을 위해 아파트 청약을 하는 경우도 많은데, 지역 내에서 수년간 강의를 진행하며 최고의 청약 전문가로 인정받고 있답니다. 최근에는 청약과 관련해서 전자책을 출간하기도 했죠.

Question 회계사로 일하면서 느끼시는 회계사의 직업적 장점이 있나요?

높은 직업적 자유나 유연성이 회계사의 숨겨진 장점이라고 생각해요. 회계사는 공인된 자격이기에 입사와 이직이 상대적으로 쉬워요. 자본주의 체제하에서 재무팀이 없는 기업은 있을 수 없기 때문이죠. 인권이나 사회공헌에 관심이 높다면 재단이나 비영리단체로 입사할 수도 있어요. 비영리단체에서도 회계나 세금은 필수거든요. 육아로 부득이하게 회사를 그만둬도 나중에 어렵지 않게 재취업할 수 있답니다. 매일 출퇴근하기 힘들거나 취업하기 싫으면 세무회계 사무실을 오픈하여 사장님이 될 수도 있어요. 요즘 MZ 세대들은 워라밸(work & life balance)을 엄청 중요하게 생각하잖아요. 몇 년간 세계여행을 다녀올 수도 있어요. 실제 결혼과 동시에 회사를 그만두고 세계여행을 다녀온 후배도 있고요, 꿈을 찾아 몇 개월간 아프리카로 떠난 회계사도 있어요. 재취업이 쉽기에 상대적으로 퇴사에 대한 부담이 적어요. 이건 정말 경험하기 전까진 알 수 없었던 장점인 것 같아요.

Question 청약 관련해서 강의도 하셨다고 들었습니다.

최근 몇 년간 수도권 주택 시장은 재건축과 신도시 개발로 아파트 청약 열기가 뜨거웠습니다. 제가 사는 과천 또한 마찬가지였고요. 하지만 청약 관련 법령이 계속 바뀌다 보니 일반 개인이 혼자 공부하기가 까다롭죠. 당시 제가 세금뿐만 아니라 부동산 청약도 전문가여서 과천 시의원 중 한 분이 제게 시민에게 도움을 줄 수 있는 강의를 부탁하셨어요. 저도 흔쾌히 수락하여 과천시청 대강당에서 대규모 공개 강의를 했습니다. 500명 넘게 오셨던 거로 기억해요. 당시 강의를 들으신 많은 분이 내 집 마련에 큰 도움이 되었다고 피드백을 주셔서 보람을 느꼈던 기억이 납니다.

실패하더라도 노력이
사라지는 건 아니다

▶ 코레이트자산운용 재직시절, 부동산운용팀 제주도워크샵에서

▶ 삼정회계법인 재직시절, 사내 마라톤 동호회 참가 사진

▶ 과천시청 대강당에서 시민을 대상으로 열린 청약 공개 강의 장면

스트레스는 다양한 운동을 통해서 풀고 있습니다. 운동하면서 땀을 흘리면 복잡한 일을 잊을 수 있어서 좋더라고요. 회계법인 다닐 때 검도를 시작해서 1단을 따기도 했고, 사내 농구동호회도 많이 참가했었죠. 수영도 몇 년간 했었고요. 개업한 이후로는 등산과 웨이트 트레이닝을 많이 하고 있습니다. 특히 코로나 시국에 꾸준히 PT 받으며 운동했는데, 운동하다 보니 욕심이 나서 보디 프로필도 찍었습니다.

▶ 근력운동 후 보디 프로필 사진

Question 회계사로 일하시면서 가장 중요하게 생각하는 직업 철학은 무엇인가요?

공정과 정직이에요. 회계사 앞에 공인이 붙잖아요. 본인의 욕심이나 개인적인 유불리보다는 법과 원리 원칙에 맞게, 그게 없다면 사회적 통념이나 상식에 맞게 판단하고 행동하는 것이 중요하다고 생각해요. 일례로 미국의 경우 미스USA 심사위원으로 공인회계사가 매년 초청된다고 합니다. 심사의 공정성을 상징하기 위해서죠. 한국에서도 마찬가지라고 생각합니다. 같은 말이라도 공인회계사의 입에서 나왔다면 대중은 더 신뢰하게 됩니다. 그만큼 회계사 스스로 신중하고 조심해야 한다고 생각해요.

회계사로서 인생의 비전이 있다면 말씀해주세요.

무엇보다 실력 있는 회계사가 되고 싶어요. 실력을 탄탄히 쌓아서 회계·세무와 관련해서 어려움을 겪는 분들의 어려움을 곁에서 덜어드릴 수 있는 전문가가 되려고 합니다. 근육을 키워나가듯 실력을 갈고닦으면서 고객이 어려울 때 실질적인 도움을 드렸으면 좋겠어요. 얼마 전에 부동산 청약 책을 출간했는데, 앞으로 세금에 대해 낯설고 어려워하는 분들을 위해 세금과 관련한 책도 써보려고 해요. 책 출간 후에는 자영업·소상공인을 위한 무료 세무 강의도 기획하고 있고요.

Question **직업 외적으로 가치를 두는 활동은 무엇인가요?**

아내와 함께 10년 넘게 국내 한부모가정 아이를 후원하고 있고, 교회에서 중등부 교사를 맡고 있습니다. 매년 사업이 성장하는 만큼 봉사도 꾸준히 늘리고 싶은 바람이에요. 아이가 크면 국내든 해외든 함께 봉사활동을 다니는 것도 정말 좋을 것 같고요. 제 삶의 마지막 순간에 "저 사람이 있어서 정말 다행이었어. 저 사람은 혼자만을 위한 삶을 살지 않았구나. 저 사람 덕분에 세상이 조금 더 살기 좋아졌다"라는 평을 들을 수 있다면 더할 나위 없는 기쁨일 것 같네요.

누군가 회계사를 한다고 하면 적극적으로 추천하실 건가요?

 강력히 추천합니다. 아직 어린 제 아이에게도 커서 회계사가 되는 건 어떠냐고 물어보곤 하니까요. 자격증 취득이라는 고비만 넘기면 이만한 직업도 없다고 생각해요. 경제적으로도 안정적이고, 나름의 사회적인 지위도 있어서 어딜 가든 남들이 먼저 알아줍니다. 대형 회계법인에서 국내 유수 기업과 함께 일할 수도 있고, 경제신문에 나오는 기업 M&A와 같은 대형 프로젝트의 주체가 되어 일할 수도 있죠. 회사를 뛰쳐나와도 어렵지 않게 재취업도 가능하고요. 개업을 해도 2~3년 정도 지나서 자리를 잡으면 워라밸을 누리며 편히 지낼 수 있어요. 이만한 직업이 얼마나 있을까 싶어요.

회계사를 꿈꾸는 청소년들에게 도움이 될 만한 활동은 어떤 것이 있을까요?

 개인적으로 저는 다양한 동아리 활동, 모임 등의 경험이 다 도움이 되었다고 생각해요. 회계사 업무의 특성은 명확하지만, 중요한 건 이 모든 걸 바로 '사람'이 한다는 겁니다. 회계법인 재직시절 감사업무와 M&A 업무를 할 때, 부동산 자산운용사를 다니면서 매각 물건을 보러 다닐 때, 현재 부동산중개업과 세무회계업을 할 때도 늘 일의 중심에는 사람이 있어요. 많은 사람을 만나고 다양한 일을 겪게 되겠지만, 저 사람은 왜 이런 말을 하고 저런 행동을 하는 것인지 사람에 대한 이해도가 높아지면 자연스럽게 깨닫게 됩니다. 상대방을 이해하게 되면 실타래처럼 꼬인 복잡한 문제도 잘 풀어갈 수 있다고 봐요. 학창 시절부터 많은 사람을 만나고 다양한 경험을 하면 좋을 것 같아요. 내성적인 성향이라면 톨스토이 소설 같은 고전을 많이 읽어 보는 것도 좋을 거 같네요.

두 가지를 말씀드리고 싶어요. 첫 번째는 '그냥 해볼 것', 둘째는 '산에 자주 오를 것'입니다. 긍정적인 사람은 한계가 없고, 부정적인 사람은 한 게 없다고 해요. 청소년이라면 세상을 긍정적으로 보고 많은 걸 경험해봐야 합니다. "나는 안될 거야, 그건 어려울 거야" 하면서 주저하지 말고 그냥 해보세요. 실패하더라도 해본 경험은 어떤 식으로든 남거든요. 그리고 미래에 대해 너무 많이 걱정하고 고민하지 마세요. 미래를 위해 최선의 노력을 다하는 것도 중요하겠지만, 운칠기삼(運七技三)*이라는 말처럼 '운'이 없으면 잘 안 풀릴 수도 있어요. 그렇다고 그 노력이 사라지는 게 아닙니다. 'connecting the dots' 스티브 잡스가 말한 것처럼 점들은 다 연결이 되어 돌아와요. 그래도 뭘 해야 할지 모르겠으면 자주 산에 오르세요. 산에 오르고 오르다 보면 체력도 좋아지고, 삶을 바라보는 통찰력도 생겨서 시련과 어려움을 이겨나갈 힘도 생긴답니다. 어차피 삶에는 정답이 없다고 봐요. 이 선택이 정답인지 아닌지는 아무도 몰라요. 오직 나에게 달려있습니다. 내가 최선을 다하면 정답이 되고, 후회하고 한탄하면 오답이 됩니다. 어떤 일을 하더라도 신중하게 생각하고 과감하게 행동하며 일신우일신(日新又日新)*한다면 언젠간 성공이란 달콤한 과실을 반드시 얻게 되리라 믿어요. 그 찬란한 미래를 위해 저도 멀리서 응원할게요.

* 운칠기삼(運七技三): 사람이 살아가면서 일어나는 모든 일의 성패는 운에 달린 것이지 노력에 달린 것이 아니라는 말.
* 일신우일신(日新又日新): 날마다 새로워지고 또 날마다 새로워진다는 뜻으로, 나날이 발전해야 함을 이르는 말.

고등학교 시절 만화 작가가 되고 싶었던 때가 있었으나 포기하고 고려대학교에 입학하여 동양사학과 경제학을 이중 전공하였다. 세무사이신 아버지의 권유와 대학 시절 교양 수업으로 수강했던 회계 관련 수업으로 회계사 직업을 선택하게 되었다. 회계사 2차 시험을 준비하면서 치른 TESAT(한국경제신문 주관 경제 이해력 검증시험)에서 대학생 부문 대상을 수상하였고, 2013년 한국공인회계사 시험에 합격하여 회계사로서 첫발을 내디뎠다. 회계사 합격 이후에는 Deloitte 안진회계법인에서 5년간 Audit 및 Financial Advisory service 팀에 소속되었으며, 그 이후 현재까지 삼덕회계법인에서 회계사로서 근무하고 있다. 향후 투자자의 요구에 맞춰 피투자회사에 대한 실사·평가를 하는 분야로 전문화하는 걸 목표로 하고 있다.

삼덕회계법인
김기남 회계사

현) 삼덕회계법인
• Deloitte 안진회계법인
• 제48회 한국공인회계사 합격
• 고려대학교 동양사학과/경제학 복수 전공
수상
• TESAT(한국경제신문 주관 경제 이해력 검증시험)
  대학생 부문 대상

회계사의 스케줄

김기남
회계사의
하루

* 일과는 업무 투입 여부에 따라 다릅니다. 업무에 투입될 때 대상 회사에 방문하여 일하는 경우가 많아 대상 회사의 스케줄에 맞춰서 하루 일정이 결정됩니다.

기본적으로 회계사의 업무는 프로젝트의 성격이 강하기 때문에 출·퇴근 시간이 명확하지는 않습니다. 과제 중심으로 조직이 주기적으로 재편성되며 프로젝트별로 맡게 되는 업무분장의 내용, 업무의 Due date에 따라 야근해야 할 경우도 많습니다.

반면, 업무에 투입되지 않는 시기에는 비교적 자유로운 시간을 보장받을 수 있어 이 기간 자기 계발 및 다음 프로젝트 투입에 대비한 휴식을 합니다.

24:00 ~
▶ 취침

07:30
▶ 기상

19:00 ~ 22:00
▶ 운동 및 자기계발
22:00 ~ 24:00
▶ 취미 및 휴식

09:00 ~ 10:00
▶ e-mail 및 일정 확인
10:00 ~ 10:30
▶ 업무 회의
10:30 ~ 12:00
▶ Project 업무 수행

13:00 ~ 14:00
▶ 업무 관련 인터뷰
14:00 ~ 17:00
▶ Project 업무 수행
17:00 ~ 18:00
▶ 일일 업무 보고

12:00 ~ 13:00
▶ 점심 식사

세무사이신
아버지의 권유로
회계사의
길을 걷다

▶ 꿈 많았던 어린 시절

▶ 중학교 수학여행에서

▶ 중학교 졸업식 날

어린 시절에는 그저 놀기 좋아하는 아이였어요. 운동하는 것도 좋아하고 컴퓨터 게임 하는 것도 좋아했습니다. 컴퓨터 게임의 경우 부모님의 허락을 받아 주말에만 할 수 있었기 때문에 평일에는 항상 밖에서 친구들과 축구를 하며 놀았던 기억이 나네요.

Question 특별히 좋아했던 과목이나 관심을 둔 분야가 있으셨나요?

어렸을 때부터 수학을 좋아했죠. 마치 퍼즐을 푸는 느낌이 들어 학교 과목에서는 수학을 제일 좋아했습니다. 하지만 암기과목은 별로 좋아하지 않았던 거 같아요.

Question 어릴 때부터 특별히 꿈꾸었던 직업은 무엇이었나요?

항상 희망 직업이 바뀌는 시절인 초등학교를 제외하면, 고등학교 시절 만화 작가가 되고 싶었던 때가 있었지요. 하지만 그림을 너무 못 그려서 포기했습니다. 부모님께서는 제가 어렸을 때부터 대학 진학 후 행정고시에 합격하여 소위 입신양명하기를 바라셨던 것 같아요.

중고등학교 시절 학업 관리와 동아리 활동은 어떻게 하셨나요?

중학교에서는 항상 전교 5등 안에 드는 성적이었지만, 시험을 쳐서 들어가야 했던 고등학교 때에는 반에서 10등 정도 수준이었어요. 내신보다는 수능이 중시되던 시절이기도 해서 학교 성적에는 크게 연연하지 않았죠. 동아리 활동은 고등학교 시절에 주로 하였는데, 축구 동아리와 애니메이션 감상 동아리에서 활동했어요. 동아리 활동이 매우 활발한 학교였고, 스트레스를 해소할 수 있는 수단이었기에 즐겁고 적극적으로 참여했습니다.

고등학교 시절 진로에 도움이 될 만한 활동이나 경험이 있었나요?

진로에 도움이 될 만한 활동은 딱히 생각나지 않네요. 다만, 그 당시 제가 다니던 고등학교가 비평준화였기에 각지에서 공부 잘하는 친구들이 모였었죠. 잘하든 못하든 그 안에서 경쟁하며 일정 수준을 유지할 수 있어서 대학교 입학을 준비하기에는 좋았던 여건이었어요.

 **대학 졸업 이후의 진로를 생각하시면서** 대학 생활을 프로그램하셨나요?

대학 생활을 어떤 특정 진로를 위한 로드맵을 그리면서 활동하지는 않았습니다. 졸업 후에 조금 후회되긴 하였지만, 전공과 교양 수강 신청할 때 철저히 개인 취향에 따라 선택했어요. 하지만 교양 수업으로 수강하였던 타 학과(경영학과) 과목 중 회계학원리, 경영수학, 재무관리 등은 회계사를 준비할 때 상당히 도움이 되었죠.

Question 학창 시절 교내·외 활동 중에서 특별히 관심을 두고 하신 활동이 있나요?

특별히 기억에 남는 일은 없으나, 항상 매사에 적극적으로 참여하였던 것 같네요. 다만, 어렸을 때부터 꿈을 놓고 진지하게 고민하지 못하고 그냥 흘러가는 흐름에 맡겨 살아왔다는 점이 안타깝긴 해요.

Question 학창 시절 회계사 업무에 도움이 될 만한 활동이 있었나요?

엑셀, 파워포인트 등 컴퓨터 프로그램을 능숙하게 다뤄야 하는 회계사의 업무 특성상, 게임을 좋아하여 어렸을 때부터 컴퓨터와 친숙했던 점은 현재 직업에 도움이 됩니다. 또한 수학을 좋아했기 때문에 이를 통한 수리·논리적 사고를 위한 훈련이 지금 업무에 좋은 영향을 주고 있죠.

Question 회계사 자격시험에 관심을 기울이게 된 시점은 언제부터인가요?

회계사라는 직업이 있다는 사실은 부모님을 통해서 가장 먼저 알게 됐어요. 아버지께서 세무공무원을 하시다가 세무사가 되신 분이어서, 세무사 업무를 포괄할 수 있는 회계사라는 직업에 대해 종종 말씀하셨죠. 그것이 제가 행정고시 준비를 포기했던 시점에서 회계사 시험에 도전할 수 있었던 가장 큰 이유일 겁니다. 그리고 대학 시절 교양 수업으로 수강했던 회계학원리, 재무관리 과목을 즐겁게 들었던 기억도 회계사 직업을 선택하는 데 동기부여가 됐죠.

Question 세무사이신 아버님과 특별한 에피소드나 추억이 있을까요?

특별히 생각나는 에피소드는 없지만, 회계사 첫 2차 시험 때 세법을 제외한 과목에 합격했어요. 물론 다음 해에 세법만 합격하면 회계사 자격을 취득할 수 있었죠. 어쨌든 세법 과목을 통과하지 못했을 때 "세무사 아들이 세법을 못 한다"라는 핀잔을 들었던 적이 있답니다.

▶ 군대 전역 후 유럽 배낭여행

회계사는
자본주의의 동반자

▶ 학교 축구 동아리에서

▶ 대학생 시절

회계사 직업을 선택하시게 된 결정적인 이유가 궁금합니다.

행정고시 준비 실패 후 정년이 없는 전문직을 취득해야겠다는 생각이 들었죠. 특히 전문직 중에서 수리적인 사고와 역량을 많이 요구하는 직업이 회계사였고, 그것이 제 적성과 잘 맞을 거라는 기대를 했어요.

회계사 자격시험에 응시하려면 어떤 준비를 해야 할까요?

비전공자인 제가 회계사가 되었다는 사실은, 대학 때의 전공이 직업을 결정하는 중요한 요소는 아니라는 것을 입증하죠. 하지만 지금 회계사라는 꿈을 꾸고 이를 관철해야겠다고 한다면 경영학과나 회계학과에 입학하는 것이 가장 빠르고 효율적인 길이라고 봐요. 회계사 시험을 치르려면 경영학·회계학 관련 과목을 대학이나 평생교육원에서 이수해야 응시 자격이 주어지거든요. 일단 관련 학과에 입학하면 해당 과목을 자연스럽게 수강할 수 있겠죠. 물론 비전공자라고 할지라도 교양 수업으로 관련 과목을 수강해도 되긴 해요. 그 외에 일정 수준 이상의 영어시험 성적(토익, 토플 등)이 필요합니다.

회계사 시험을 준비하시면서 가장 힘든 점은 무엇이었나요?

모든 시험이 마찬가지겠지만, 일정한 학습 템포를 수험기간 동안 꾸준하게 유지하는 게 가장 어렵고 힘든 일이죠. 시험공부가 하루 벼락치기로 가능한 것이 아니라 장기간의 마라톤처럼 매일 일정한 수준의 리듬으로 하루하루를 보내야 하거든요.

회계사 자격을 취득하신 후 지금까지 어떻게 걸어오셨나요?

회계사 자격증 취득 후 줄곧 회계법인에 있었습니다. Deloitte 안진회계법인에서 5년 간 있었고, 그때의 경험과 배움을 기반으로 현재 삼덕회계법인에서 근무하고 있어요.

Question **회계사가 된 후** 처음으로 맡으신 업무는 어떤 것이었나요?

회계사가 된 후 처음으로 수행한 업무는 대규모 상장회사에 대한 회계감사였습니다. 회계법인은 크게 회계감사, 재무자문, 세무자문, 3분야로 나눠서 회계사를 고용하죠. 전 회계감사 부문으로 입사하였기 때문에 처음으로 주어진 업무는 회계감사였어요.

Question **삼덕회계법인에서** 어떠한 업무가 이루어지나요?

삼덕회계법인은 모든 회계법인 중 규모가 다섯 번째로 큰 회계법인으로 600명 이상 의 등록회계사들이 종사하고 있어요. 업무 범위에 대한 특별한 제약 없이 회계감사, 기업 진단 등의 인증서비스(Assurance), 인수·매각 자문(Advisory), 기업가치평가(Valuation) 등 회계사가 수행할 수 있는 모든 업무가 이루어지고 있다고 보시면 돼요.

 **Question** **향후 회계사 직업의** 전망에 대해서 어떻게 생각하시나요?

　제가 회계법인에 처음으로 입사했던 시절에는 '주기적 지정제도*'가 설립되기 전이어서 회계법인의 피감회사에 대한 경제적 종속성이 매우 컸습니다. 피감회사로부터 감사보수를 받기 때문에, 효과적인 회계감사 절차 수행이 어려웠죠. 하지만 근래에 주기적 지정감사 제도 도입으로 인해 회계감사 시장의 현실화로 이러한 문제는 많이 개선되었어요. 이를 바탕으로 회계사의 연봉도 크게 상승하였죠. 시대적 굴곡은 있겠지만, 자본시장이 유지되는 한 회계사란 직업의 전망은 나쁘지 않다고 생각합니다.

* 주기적 지정제 : 상장사 또는 소유와 경영이 분리되지 않은 대형 비상장사가 외부감사인을 6년간 자유 선임하면 3년 간은 금감원이 외부감사인을 지정하는 제도.

Question **자본주의 안에서 회계사는** 어떠한 위치를 차지하고 있는 걸까요?

　회계사로 일하면서 자본주의 시장에는 명(明)만 있는 게 아니라는 점을 알게 됐죠. 자본주의는 수많은 기업의 흥망성쇠를 기초로 이뤄진답니다. 자본주의 안의 사이클에서 모두가 성장할 수는 없다는 말씀이죠. 성장하는 기업이 있다면 반대로 청산되는 기업도 많아요. 이러한 자본주의의 생태 속에서 회계사의 업무가 이루어집니다.

자본주의의 암(暗)의 사이클에 관해서 좀 더 설명 부탁 드립니다.

경기가 좋을 때는 우량한 기업과 한계기업 모두 자금조달에 있어 별 어려움을 겪지 않아요. 하지만 경기가 침체국면에 접어들면 한계기업은 우량한 기업과 달리 추가적인 자금조달이 어려워지거든요. 이미 영업경쟁력을 상실한 한계기업이 자금을 확보하지 못하면 빚을 갚지 못해 부도가 나게 되죠. 부도가 나면 기업회생 절차 또는 워크아웃 절차를 통해 채무 일부를 탕감받거나 만기 연장 후 혹독한 구조조정을 거치면서 기업의 생명을 연장할 수 있겠죠. 하지만 그럴 여지조차 없는 회사라면 바로 청산절차(파산)에 들어가게 됩니다. 자본주의는 기본적으로 성장이 전제되어야 하는 체제이지만, 이러한 성장은 선형으로 우상향하는 침체 없는 성장이 아니거든요. 호황과 침체의 수많은 변동 사이클을 그릴 뿐이죠.

이해관계자
사이에서 직업윤리를
견지하라

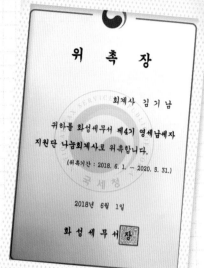

▶ 영세납세자지원단 나눔회계사 위촉장

▶ 회계감사 시즌 후 부산여행 중

▶ 회계업무 장면

업무 특성상 야근이나 휴일 근무가 얼마나 많은가요?

회계감사 시즌(2~3월)에는 휴일에도 회사에 당연히 출근해야 하고, 퇴근이 기약이 없는 날도 많아요. 여러 날 야근하게 되면 오늘이 무슨 요일인지 의미가 없어져서 요일 감각이 사라질 정도였으니까요.

회계감사에 대한 일반인들의 오해는 어떤 것이 있을까요?

회계감사에서 회계사가 제시하는 회사에 대한 '적정' 의견은 해당 회사가 재무적으로 건전하거나 미래 성장 가능성이 있다는 걸 보증해주는 차원이 아닙니다. 감사보고서의 의견은 그저 회사의 회계처리가 회계처리기준에 맞게 이뤄지고 있다는 중립적인 의견일 뿐이죠.

회계사 업무와 관련해서 가장 중요하게 생각하시는 마음가짐은 무엇인가요?

대부분의 전문직에서 중시하는 것처럼 직업윤리가 가장 중요하다고 생각해요. 회계사의 업무는 수많은 이해관계자 간의 거래 사이에서 이루어집니다. 따라서 회계사의 독립성 유지, 이해 상충 방지, 정보보안 등의 직업윤리가 잘 지켜져야 하죠.

Question 스트레스 관리는 어떤 식으로 하시나요?

전 축구를 좋아해서 매주 주말 축구 동호회에서 운동하는 것으로 스트레스를 풀곤 합니다.

Question 회계사 업무를 하시면서 당혹스러운 사례도 있을 텐데요?

자본주의의 암(暗)의 사이클에서 회생기업이나 워크아웃 절차가 진행 중인 회사가 생기고, 그 회사의 채권자에게 자문하는 때가 와요. 그 시점에서 비용 절감이나 구조조정을 위해서 단순히 숫자로 표시되는 보고서의 내용과 해당 회사에서 실제로 일하고 있는 사람들의 삶 사이에서 괴리가 느껴지기도 한답니다.

Question 회계사로서 앞으로 새로운 다짐이 있으신가요?

회계사가 할 수 있는 업무 분야 중에서 특정 분야에 전문화하는 것이 목표예요. 과거 약 10년간은 회계사로서 Generalist를 지향했다면, 이제는 Specialist가 되기 위해 노력할 겁니다. 투자자의 요구에 맞춰 피투자회사에 대한 실사·평가를 하는 분야로 전문화하고 싶은 생각이죠.

특정 분야에서 전문성을 키우기 위해 어떤 활동이 필요할까요?

전문화하기 위한 특정 분야를 찾기 위해서는 어떤 사소한 계기가 필요하다고 생각해요. 그 사소한 계기란 사람과 사람 간의 네트워크가 출발점이 될 것 같네요. 이를 위해 다양한 기회를 그저 흘려보내지 않고 적극적으로 임해서 사람과의 관계에 있어서 마음을 다하려고 해요. 또한 트렌드에 뒤처지지 않고 찾아온 기회에 대비하기 위해 항상 공부하려고 합니다.

회계사로서 회계사의 길을 추천하시는지요?

우리는 자본주의 체제하에 살고 있고 어떤 큰 혁명이 일어나지 않는 한, 이 체제는 앞으로도 꾸준히 유지될 겁니다. 그리고 이 자본주의의 사이클 모두에서 회계사가 관여할 수 있다는 점은 큰 매력이죠. 논리적·수리적 사고가 능숙하고 숫자에 친숙한 사람이라면 추천하고 싶습니다.

마지막으로 청소년들에게 해주고 싶은 말씀을 부탁드립니다.

지금 과거를 돌아보니 나만의 특별한 꿈을 위해 경주하지 못하고, 나의 삶을 부모님을 포함한 타인이 원하는 방식으로 그저 저항 없이 살아오지 않았나 싶어요. 그게 좀 안타깝죠. 꿈은 꾸고 싶다고 꿀 수 있는 건 아니겠지만, 사소한 목표부터 시작하여 실패를 걱정하지 않고 일단 해보는 게 중요하다고 봐요. 일단 도전한 일에는 최선을 다하는 것이 자기만의 꿈을 찾는 방법이 아닐까요? 어렸을 때는 흘려들었던 한 명언이 이제는 마음에 많이 와닿는군요.

Boys and Girls, Be Ambitious!

유년 시절 부모님께서 사주신 위인전을 많이 읽었으며, 특히 인류 최초로 남극점을 탐험한 아문센과 파브르의 곤충기로 유명한 파브르를 좋아했다. 어릴 적 공부에는 큰 소질은 없었지만, 수학과 과학에 관심을 가졌으며 고등학교 때는 경제 과목에 심취하기도 했다. 학창 시절 새로운 일에 적응이 빠르지는 않았지만, 결과에 연연하지 않고 꾸준히 노력하는 학생이었다. 고등학교 졸업 후 성균관대학교 경영학과에 진학하여 삼성 장학생으로 지내며 공인회계사에 최종 합격하게 된다. 합격 후에 삼일회계법인 감사본부에 입사하여 재직 중이다. 외부 감사인으로서 기업들에 대한 회계감사나 내부회계관리제도 고도화 등의 컨설팅 업무를 수행하고 있다. 30대 중반으로 이제 막 결혼하여 행복한 신혼생활을 보내고 있지만, 퇴근해서도 업무와 관련된 공부나 기사 스크랩 등 자기 계발을 위한 노력하는 꿈 많은 회계사다.

삼일회계법인 감사본부
권상용 회계사

현) 삼일회계법인 감사본부
- 공인원가분석사 합격
- 제50회 공인회계사
- 성균관대학교 경영학과 졸업(삼성 장학생)

회계사의 스케줄

권상용
회계사의
하루

* 감사본부는 업무에 busy season이 존재하여
케이스를 나누어보았습니다.

[비시즌(4월 ~ 12월)]
21:00 ~ 23:00
▶ 집에서 취미활동
  (넷플릭스, 게임 등)
23:00 ~
▶ 취침
[회계감사시즌(1월 ~ 3월)]
04:00 ~
▶ 취침

[비시즌(4월 ~ 12월)]
07:40 ~ 08:30
▶ 기상 및 출근 준비
08:30 ~ 09:20
▶ 출근
[회계감사시즌(1월 ~ 3월)]
08:30 ~ 09:00
▶ 기상 및 출근 준비
09:00 ~ 09:50
▶ 출근

[비시즌(4월 ~ 12월)]
19:00 ~ 20:00
▶ 저녁
20:00 ~ 21:00
▶ 가족과 운동
[회계감사시즌(1월 ~ 3월)]
19:00 ~ 03:00
▶ 야근
03:00 ~ 04:00
▶ 퇴근

[비시즌(4월 ~ 12월)]
09:20 ~ 10:00
▶ 메일 정리, To-Do List 정리
10:00 ~ 11:30
▶ 오전 업무
[회계감사시즌(1월 ~ 3월)]
09:50 ~ 10:30
▶ 메일 정리, To-Do List 정리
10:30 ~ 11:30
▶ 오전 업무

[비시즌(4월 ~ 12월)]
13:00 ~ 18:00
▶ 오후 업무
18:00 ~ 19:00
▶ 퇴근
[회계감사시즌(1월 ~ 3월)]
12:30 ~ 18:00
▶ 오후 업무
18:00 ~ 19:00
▶ 저녁

[비시즌(4월 ~ 12월)]
11:30 ~ 13:00
▶ 점심 및 커피타임
[회계감사시즌(1월 ~ 3월)]
11:30 ~ 12:30
▶ 점심

공인회계사는
자본주의의
파수꾼

▶ 어린 시절

▶ 초등학교(우주소년단 활동)

▶ 중학교 졸업식 때 어머니와 함께

유년 시절 기억에 남는 경험이 있나요?

유년 시절에는 부모님께서 사주신 위인전을 많이 읽었어요. 가장 기억에 남는 위인은 인류 최초로 남극점을 탐험한 아문센과 파브르의 곤충기로 유명한 파브르예요. 아문센이 약한 몸을 단련하기 위해 겨울에도 창문을 열어놓고 잔다는 구절을 보고 똑같이 해보기도 했었죠. 여름만 되면 친구들과 곤충을 잡으러 다녔는데, 희귀한 곤충을 잡기 위해 온종일 동네 산을 돌아다녔던 기억도 있고요. 지금 생각해보면 엉뚱하고 호기심 많은 아이였던 것 같네요.

부모님은 어떤 분이셨나요?

어릴 적 공부에는 소질이나 관심이 없어서 한글을 초등학교 들어가기 직전에 떼었을 정도였죠. 남들에 비해 늦은 편이었지만, 부모님은 공부에 대한 기대가 있으셨고 엄하셨어요. 매년 방학 때면 일기나 학습지를 밀려서 많이 혼나기도 했고요. 그래도 엄하신 부모님 덕분에 방황하지 않고 학창 시절을 잘 보내지 않았나 싶습니다.

어릴 때부터 좋아하거나 흥미를 느꼈던 분야가 있으셨나요?

초등학교 때는 수학과 과학에 관심이 많았어요. 친구들보다 계산도 빠른 편이었고 교내 수학 경시대회에서는 늘 100점을 받았지요. 과학도 좋아하여 과학 관련 책도 많이 읽었고, 우주소년단에 가입하여 별을 보면서 별자리에 관해서도 공부했었죠. 중고등학교 때도 수학은 계속 좋아했었고, 고등학교 때 경제 과목에 깊게 빠졌어요.

Question 중고등학교 시절 학업에 대한 열정으로 성적관리를 잘하셨나요?

중학교에 입학하여 첫 시험성적이 좋은 편은 아니었어요. 나름 시험 기간에는 열심히 공부했지만, 원하는 점수를 받지 못했던 것 같아요. 다만 한 가지 기억에 남는 건, 항상 이전보다 점수가 나아졌다는 점이에요. 중학교 때 처음 본 1학년 1학기 중간고사 평균이 60점대였으나 계속 노력하여 기말고사 때 평균이 70점대였고, 2학기 중간고사 평균이 80점대였으며, 기말고사 때 처음으로 90점대가 되었죠. 그때부터 졸업할 때까지 좋은 점수를 유지했답니다. 마찬가지로 고등학교 3학년 첫 모의고사인 3월 모의고사의 등급이 평균 3등급이었으나, 수능 전까지 계속 점수가 올랐고, 수능 때 평균 1.25등급을 받았던 것으로 기억이 나네요. 지금 생각해보면 새로운 일에 적응이 빠르지는 않지만, 결과에 연연하지 않고 계속 노력하는 학생이었던 것 같아요.

Question 꿈꾸었던 직업이 부모님이 바라셨던 직업과 차이는 없었나요?

저는 초등학교부터 고등학교 1학년 때까지는 나라를 지키는 경찰이 되고 싶었고, 경제라는 과목을 접한 뒤부터 고등학교 졸업할 때까지는 CEO가 되고 싶었어요. 경찰이 되고 싶었던 이유는 정의로운 사람이 되고 싶었던 것이고, CEO는 경제학에 소질이 있다고 생각해서 꿈을 꿨죠. 부모님께서는 한결같이 제가 안정적인 직업을 갖기를 원하셨고, 결과적으로 제가 선생님이나 공무원이 되기를 원하셨어요. 아무래도 IMF를 경험해보셨고 불확실한 미래에 공무원이 최고의 직업이라고 생각하셨던 거 같아요. 결국 공인회계사를 결정한 건 이 모든 것을 충족할 수 있는 직업이었기 때문이죠. 공인회계사는 자본주의의 파수꾼으로 정의로운 일을 하고, 제가 소질 있는 경제·경영과 관련 있는 직업이며, 부모님의 바람처럼 안정적인 소득을 보장하는 직업이랍니다.

Question 학창 시절 친구를 다양하게 사귀셨나요?

외향적인 성격이 아니어서 친구들을 다양하게 사귀었던 편은 아니었어요. 오히려 적은 친구와 깊게 사귀는 성격이었죠. 고등학교를 졸업한 지 시간이 많이 지났지만, 당시 친했던 친구와 여전히 자주 만나고 있습니다. 고등학교 친구가 제 결혼식 때 사회를 봐주기도 했죠.

Question 중고등학교 시절 회계사 업무에 도움이 될 만한 경험이 있으신가요?

저는 공인회계사라는 직업을 대학교 입학 후에 학과활동을 하면서 선배로부터 알게 됐어요. 공인회계사라는 직업 자체가 기업을 상대로 일하는 직업이다 보니 일반 사람들은 모를 수도 있는 직업이에요. 그래서 중고등학교 시절에 공인회계사가 되기 위해 특별한 활동을 하지는 않았어요. 다만 중고등학교로 돌아간다면 진로를 위해 영어 공부를 열심히 할 거 같네요. 공인회계사는 기본적으로 시험에 합격해야 자격이 생기는 직업입니다. 다만 시험합격 후 공인회계사로서의 커리어는 굉장히 다양한데, 특히 영어를 잘한다면 정말 많은 걸 해볼 수 있기 때문이죠.

Question 대학 시절 봉사활동으로 아이들을 가르치셨다고요?

네. 회계사를 준비하던 친구와 함께 지역아동센터에서 6개월간 교육봉사를 했어요. 처음엔 대학교 졸업 요건을 채우기 위해 봉사활동 시간을 채울 목적으로 가볍게 시작했었죠. 그런데 매주 아이들과 같이 시간을 보내며 수학 문제도 풀고 숙제 검사도 하다 보니 정이 들어서 어느덧 매주 그 시간이 기다려지곤 했습니다. 내가 가지고 있는 지식으로 남을 돕고 있다는 사실이 큰 보람으로 느껴졌어요.

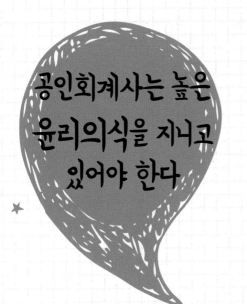

공인회계사는 높은
윤리의식을 지니고
있어야 한다

▶ 대학 시절, 친구들과 같이 공부하다 휴식

▶ 합격 축하연

▶ 공인회계사 채용설명회

경제 관련 학과에 관심을 기울이시게 된 이유가 무엇인가요?

고등학교 2학년 때 처음 경제라는 과목을 배웠는데, 초등학교부터 고등학교 때까지 배웠던 모든 과목 중에 제일 재미있었던 과목이었죠. 한정된 자원에서 최적의 의사결정을 해야 하고, 그 과정에서 시장의 수요와 공급이 만나 최적의 균형점에서 가격과 양이 결정된다는 이론은 삶의 모든 분야에서 적용할 수 있어 보였고 매력적으로 다가왔어요. 결과적으로 수능을 보고 대학교와 학과를 지원할 때 상경계(경영, 경제)만 세 군데 지원했었고, 그중 성균관대학교 경영학과에 진학하게 되었죠.

Question

진로나 직업을 선택하실 때 가장 영향을 끼쳤던 사람은 누구인가요?

가장 큰 영향을 주신 멘토는 저의 부모님이죠. 제가 군대 제대 후에 진로를 고민할 때 제 적성을 살릴 수 있는 직업을 찾을 수 있도록 격려해주신 분들이고, 시험공부를 하던 3년간 늘 묵묵히 옆에서 응원해주셨어요. 매주 일요일에는 공부보다는 체력회복을 위해 산책하고 외식을 하곤 했답니다. 늘 산책할 때마다 같이 가주시고, 고민도 들어주시고, 외식 때에도 항상 제 취향에 맞춰주셨죠. 1차 시험에 한 번, 2차 시험에 한 번, 총 두 번의 불합격을 경험하였는데 그럴 때마다 일어설 수 있었던 힘의 원천은 부모님이셨어요.

대학에 입학하여 회계사 자격을 취득하신 과정을 알고 싶습니다.

중고등학교 시절에는 대학교에만 들어가면 공부를 안 해도 되는 줄 알았답니다. 대학교 입학 때 4년 전액 장학금을 받고 입학했지만, 1학년 1학기 때 공부하지 않고 놀다 보니 학점은 좋지 못했어요. 정신 차리고 일찍 군대를 갔다 와서 1학년 2학기부터 학업에만 집중했었죠. 본격적으로 공인회계사 자격시험을 준비한 것은 2012년 7월부터였고, 최종적으로 시험합격을 2015년 8월에 했습니다. 자격시험 준비기간이 길다 보니 대부분 대학 친구들은 함께 공부하던 친구들이었죠. 아침 일찍 경영관 도서관에 가서 자리를 잡으면 친구들이 그 근처에 자리를 하나둘씩 잡았어요. 종종 함께 시간을 재며 문제풀이 스터디를 하기도 하고, 공부가 안되는 날이면 자판기에서 음료수라도 뽑아 먹으면서 바람을 쐬기도 했죠. 남들이 보면 재미없는 대학 생활을 한 것 같지만, 친구들과 별생각 없이 수다 떨며 공부하던 것이 모두 추억이 되었네요.

회계사 시험을 준비하시면서 남다른 경험을 하신 적이 있나요?

2015년에 마지막 2차 시험과목인 세무회계를 준비하던 중, 지인을 통해서 세무회계연습 교재에 대한 검수를 맡아달라는 연락이 왔어요. <2015 임성종 세무회계연습>이라는 책으로 문제를 풀어보고 문제의 오류나 오타를 확인하는 작업이었죠. 출제자의 관점에서 문제의 취지, 출제 의도 등에 대해 고민하는 과정에서 더욱 많은 공부가 되었던 것 같아요. 결국 책이 출판되고 나서 한 권을 받았는데 머리글에 '아울러 이 책의 완성도를 한층 더 높여주는 데 크게 기여하고 예리한 의견을 제시해 준 권상용 예비 회계사에게도 감사의 말씀을 드립니다'라고 기재된 부분을 읽으면서 정말 뿌듯했죠. 결국 2015년 시험에 최종 합격하여 공인회계사가 되었는데, 수험생이 아닌 출제자의 관점이라는 새로운 접근으로 시험을 접했던 훌륭한 경험이었어요.

회계사가 된 후 회계법인에서 어떤 업무를 하셨나요?

2015년 8월에 최종적으로 공인회계사를 합격 후 10월에 현재 직장인 삼일회계법인에 입사했어요. 입사 후 가장 첫 업무는 악기 제조사에 대한 중간감사였습니다. 중간감사란 회계기간 종료 시 수행하는 기말감사 전에 회사에 대한 이해와 이슈가 없는지 확인하는 업무를 주로 수행하죠. 처음 고객사에 방문하여 감사에 필요한 자료를 요청하고, 감사와 관련된 인터뷰를 수행하고, 감사조서를 작성하는 등의 일이었는데, 모든 업무가 설레고 떨렸어요. 다행히 좋은 선배 회계사를 만나 업무를 잘 마무리할 수 있었죠.

Question 삼일회계법인에 대한 소개와 더불어 업무에 관해서 자세한 설명 부탁드립니다.

삼일회계법인은 국내 최대 규모의 회계법인이에요. 매출 기준으로 국내 타 회계법인 대비 압도적으로 1등을 유지하고 있고 매년 성장하고 있죠. 또한 글로벌 회계법인인 PwC의 멤버펌으로서 전 세계 156개국에서 서비스를 제공하고 있답니다. 현재 국내에서는 3,500여 명의 전문가들이 모여 고객을 위해 회계, 세무, 재무 분야에 대한 최선의 solution을 제공하고 있죠. 삼일회계법인의 부서는 크게 Assurance, Tax, Deals로 Assurance의 주요 업무는 회계감사로, 회계감사는 기업이 작성하는 재무제표에 대해 제삼자인 공인회계사가 외부감사를 수행하고 재무제표가 회계기준에 맞게 작성되었는지에 관한 의견을 제공하는 업무예요. Tax는 세무자문서비스를 제공하는 부서로 세무조정, 세무진단, 조세불복부터 지방세, 상속&증여세 등에 대한 자문을 제공하고요. Deal은 M&A, 기업실사, 기업구조조정업무, 투자유치, Project Financing 등에 대한 자문을 제공합니다.

 **감사본부 공인회계사의 근무 여건은 다른 회계사와 차이가 있나요?**

감사본부의 공인회계사는 업무상 시즌과 비시즌이 명확히 나뉩니다. 시즌에는 매일 새벽까지 야근하지만, 비시즌에는 출근해도 일이 없을 때도 있어요. 회계감사는 주로 회사로 출근하지 않고 고객사를 방문하여 일하다 보니, 전국으로 출장이 잦은 편이죠. 매주, 심하면 일주일에도 여러 곳의 고객사를 방문하여 업무를 수행해요. 연봉은 대기업 이상으로 괜찮은 편이며 매년 연봉 상승률이 높은 편이어서 고년차 공인회계사는 연봉이 매우 높아요. 전문직이다 보니 커리어를 어떻게 쌓느냐에 따라 수입은 천차만별이라고 봐야죠.

 **회계사로서 가장 중요하게 생각하는 직업윤리는 무엇인가요?**

2015년 11월에 32명의 공인회계사가 형사처벌 당했습니다. 본인이 감사하는 회사의 정보를 통해 부당하게 주식 매매차익을 챙긴 혐의(내부자거래)였어요. 부끄럽지만 제가 재직 중인 삼일회계법인의 회계사도 26명이나 포함되어 있었답니다. 이처럼 회계감사라는 업무는 피감사법인의 실적이 공개되기 전에 실적을 사전에 알 수 있기에 내부자거래에 대한 유혹이 항상 뒤따르곤 하죠. 이 때문에 공인회계사 윤리기준, 주식회사 등의 외부감사에 관한 법률, 공인회계사법 등에서 제재 등의 조항이 있지만, 무엇보다 공인회계사 스스로가 높은 윤리의식을 지니고 있어야 한다고 생각해요. 공시되기 전에 알게 된 재무 정보를 통해 주식거래를 하면 안 되고, 이를 지인들에게도 알려줘서도 안 되죠. 외부감사인으로서 독립성과 신뢰성을 스스로 지켜내야 한다고 봅니다.

▶ 감사 중에 동료들과 한 컷

아들에게도
추천하고 싶은
공인회계사

▶ 회사 동기와 한 컷

▶ 회사 자리에서 한 컷

Question 업무로 인한 스트레스를 해소하기 위한 취미활동을 하시나요?

저는 스트레스를 많이 받았던 날이면 주로 아내와 집 근처 공원을 산책하며 생각을 정리하곤 해요. 산책하면서 생각을 정리하다 보면 어느새 잡생각이 사라지고 스트레스가 해소되는 걸 느끼죠. 그리고 주말에는 아내와 맛집이나 카페 등을 찾아다니며 시간을 보내고요. 회계법인은 일이 없는 비시즌에는 휴가를 장기간 쓸 수 있어서 매년 2번 정도는 여행을 다니고 있어요.

Question 공인회계사로 일하시면서 새롭게 접하게 되신 사실은 무엇인가요?

공인회계사는 다양한 업종의 고객사를 방문합니다. 저의 경우만 해도 증권, 선박 제조, 건설, 철도 제조, 의류, 호텔, 화학, 물류 등 산업의 회사에 대해 회계감사를 했었죠. 공인회계사가 되고 나서야 이렇게 다양한 산업과 직업군이 있다는 것을 알게 됐어요. 다양한 산업에 대해 넓게 이해함으로써 경제 전반의 흐름에 대한 거시적인 안목도 생겼고요.

회계감사 시즌에는 매우 바쁜 걸로 알고 있는데 정말 그런가요?

회계감사 시즌(1~3월)엔 정말 바쁘답니다. 회계감사는 모두 소규모 팀을 이루어 프로젝트를 수행해요. 한 번은 프로젝트 도중 Staff 한 명이 몸이 안 좋아서 휴직한 때가 있었죠. 감사보고서 일정이 매우 촉박했기에 계속 야근으로 강행군을 이어 나갔어요. 다행히 일정에 맞춰 업무를 완료하였고, 새벽 6시에 퇴근하면서 출출하니까 뒤풀이 겸 국밥이나 먹고 퇴근하자고 하여 회사 근처 24시 국밥집에서 국밥을 먹고 퇴근했어요. 택시를 타고 귀가하는데 해가 뜨고 있었어요. 다른 사람들은 아침에 출근하고 있는데 저는 피곤한 몸을 이끌고 퇴근하고 있더라고요. 그래도 동료들과 함께 마음 맞춰서 업무를 다 해냈다는 생각에 보람을 느꼈었죠.

공인회계사로서 새로운 도전을 계획하시고 있나요?

공인회계사는 진로가 매우 다양하지만, 동시에 전문직업인으로서 한 분야를 깊게 팔 수도 있어요. 저는 회계감사가 적성에 맞고, 만족하면서 업무를 하고 있어서 계속 이 분야를 깊게 파려고 해요. 그래서 단기적 인생의 목표는 현재의 직장에서 임원(파트너)이 되는 겁니다. 현장에서 실무를 계속하면서 동시에 대학원 등 공부를 계속하여 회계법인 은퇴 후에는 대학 강단에서 회계에 관한 강의를 하며 후학 양성에 힘쓰고 싶네요.

회계기준에 관한 공부를 계속할 필요성이 있을까요?

물론이죠. 회계기준은 기업이 회계처리를 할 때 따라야 하는 기준인데, 이런 회계기준이 매년 개정되기에 지속해서 공부해야 한답니다. 저는 개인적으로 공인회계사 시험에 합격한 뒤 8년간 회계법인에 재직하면서 꾸준히 회계기준에 관한 공부를 해오고 있어요. 부족하다고 느끼는 주제에 대해서는 회사에서 제공하는 인터넷강의를 꾸준히 시간을 내서 수강하고 있죠.

자녀가 회계사 직업에 관심 있다면 어떻게 하실 건가요?

제가 곧 아빠가 되는데요. 만약에 제 아들이 미래에 회계사가 되고 싶다고 한다면, 저는 얼마든지 뒷받침해줄 거예요. 비록 힘들고 어려운 일이지만, 회계사로서의 장점이 정말 크기 때문이겠죠. 업무마다 정말 다양한 업종의 기업을 방문하여 다양한 직종의 사람들을 만나서 새로운 걸 배울 수 있거든요. 또한 전문직으로서 소득도 안정적이며 자본주의 시장에서 파수꾼으로서 보람도 느끼며 일할 수 있는 직업이라고 생각해요. 그래서 적극적으로 회계사를 추천합니다.

미래에 공인회계사 직업을 원하는 청소년들에게 응원

부탁드립니다.

공인회계사는 자타공인 회계, 세무, 재무 분야의 최고 전문가입니다. 또한 공인회계사 경영자와 주주, 채권자 사이의 정보 비대칭을 해소하는 데 일조하는 등 자본주의의 파수꾼이랍니다. 자본주의의 파수꾼으로서 사명감을 품고 일하고 싶어서 공인회계사를 꿈꾸고 있다면, 차근차근 준비해서 미래에 멋진 공인회계사가 되어 다시 만날 수 있으면 좋겠네요.

부모님의 사업 때문에 중학교 때까지 빈번하게 이사 다녔기에 깊은 교우관계를 맺지는 못했으나, 자주 바뀌는 환경 탓에 빨리 적응하는 유연성을 키웠다. 2017년에 회계사 시험에 합격 후 빅4(삼일PwC, 삼정KPMG, 안진Deloitte, EY한영) 중 두 곳에서 약 5년간 근로 회계사로 근무한 후, 회계법인 더올에서 개업회계사로 활동 중이다. 회사의 재무제표가 회계기준에 따라 적절하게 작성되었는지에 대한 감사업무 및 고객에게 회계와 관련하여 필요한 용역 및 컨설팅 업무를 제공하고 있다. 빅펌이라는 울타리를 떠나서 현재 개업회계사로 전향하였기에 전문분야를 정하기 위해 계속 노력하는 중이며, 다양한 프로젝트에 참가하여 업무 범위를 넓혀가고 있다. 궁극적으로는 전문분야를 정한 후 그 분야의 최고의 전문가가 되는 게 최종 목표다.

회계법인 더올
박상민 회계사

현) 회계법인 더올
- 안진Deloitte 회계법인 감사팀
- EY한영 회계법인 감사팀
- 제52회 공인회계사
- 경북대학교 경제통상학부 졸업

회계사의 스케줄

박상민
회계사의
하루

* 회계사는 Busy Season 및 빈번한 출장 때문에 일과가 일정하게 유지되지 않을 수 있습니다. 아래 일과는 비시즌 및 출장이 없을 때의 일과입니다.

20:00 ~ 22:00
▶ 휴식 및 취침

07:00 ~ 08:30
▶ 기상 및 출근
08:30 ~ 09:30
▶ 아침 운동

19:00 ~ 20:00
▶ 퇴근

09:30 ~ 10:00
▶ 당일 일정 확인
10:00 ~ 12:00
▶ 오전 업무

13:30 ~ 19:00
▶ 오후 업무

12:00 ~ 13:00
▶ 점심 식사
13:00 ~ 13:30
▶ 식사 후 휴식

기회는
무엇이든 준비를 해둔
사람에게 온다

▶ 아기 때 부모님과 함께

▶ 초등학생 시절

▶ 대학 시절 연극동아리에서

Question 어린 시절을 어떤 형편에서 어떻게 보내셨나요?

부모님께서 사업 때문에 초등학교부터 중학교 때까지 자주 이사 다녔어요. 그래서인지 조심성이 많은 성격이 되었던 거 같아요. 사람을 좋아하기는 했지만 1~2년에 한 번씩 교우관계가 바뀌어서 깊은 관계를 맺는 데 어려움이 있었죠. 언뜻 봤을 때 웃음과 정이 많지만, 한편으론 차갑다는 평가를 주변에서 많이 받았네요.

Question 부모님의 자녀 양육 방식은 어떠셨나요?

부모님은 저의 학업에는 크게 개입하지 않으셨어요. 그 대신 사람 간의 예의를 중요시 하였기 때문에, 제가 예의 없는 모습을 보일 때는 단호하게 꾸짖으셨답니다.

Question 학창 시절 특별히 좋아하던 분야나 과목이 있었나요?

학창 시절 저는 재밌는 이야기를 좋아했어요. 그래서인지 영화나 소설, 만화에 흥미가 많았죠. 이러한 성향 때문에 자연스럽게 국어와 영어를 좋아하게 됐어요. 수학도 좋아하는 편이었어요. 문제를 해석하고 답을 도출하는 과정이 마치 게임처럼 느껴졌기 때문입니다. 특히 일정한 패턴을 반복적으로 하는 것을 좋아했기 때문에, 수학 문제집을 반복적으로 푸는 것에 재미를 느꼈었죠.

중고등학교 시절에 성적이나 교우관계는 어땠나요?

중학교 때까지 빈번하게 이사 다녔기 때문에 깊은 교우관계를 맺지는 못했습니다. 대신 자주 바뀌는 환경에 적응하기 위해 어디서든 유연한 관계를 맺는 방법을 스스로 터득한 거 같네요. 고등학교 때부터는 제법 깊게 관계를 맺을 수 있게 되었고, 현재도 연락하는 동창들이 있답니다. 그중 똑같이 회계사가 된 동창이 있다는 것도 신기한 점이죠. 중고등학교 시절에는 공부를 썩 잘하는 편은 아니었어요. 방황을 심하게 했었고, 공부에 큰 흥미를 느끼지 못했죠. 고등학교에 들어간 후 뒤늦게 공부를 시작했을 뿐, 그전에는 남들이 하는 중간수준만 유지했던 것으로 기억합니다.

Question **어릴 때 미래의 직업에 대해서 생각해보신 적이 있었나요?**

특별히 장래 희망을 품어본 적은 없습니다. 방송업계 쪽에서 일해보고 싶다는 생각 정도는 했지만, 직업을 알아볼 정도로 열정이 있지는 않았어요. 부모님께서도 저에게 특별히 어떤 직업을 가지라는 기대를 하지 않으셨어요.

Question **학창 시절에 현재 회계사 업무에 도움을 주었던 활동은 무엇이었나요?**

여러 가지 주제에 관심을 가지고 글을 많이 읽었던 게 도움이 되지 않았나 싶어요. 회계사라는 직업이 마냥 숫자를 다룰 거 같지만, 의외로 언어 면에서 이해력과 스킬이 많이 요구되는 직업이거든요. 생전 접해보지 못한 분야에 대해서 신속히 이해하고 정리하는 것이 회계사에게 요구되는 기본소양이기 때문이죠.

Question 학창 시절 회계사 업무에 긍정적인 영향을 준 활동을 하셨나요?

학창 시절에는 방송 쪽 업무에 관심이 있어서 고등학교 때 방송반 활동을 했어요. 회계사가 되는 데에 직접적인 도움이 된 활동은 아니었지만, 방송반 활동을 통해 여러 가지 경험을 할 수 있어서 시야를 넓히는 데 도움이 되었다고 생각해요.

Question 회계사 직업에 관심이 있었기에 경제통상학부에 진학하셨나요?

특별히 회계사와 관련 있다는 생각으로 경제통상학부를 들어간 건 아니었어요. 우연히 <경제학 콘서트>라는 경제학 교양서적을 접하게 되었고, 그 안에 있는 내용이 저를 매료시켰죠. 인간의 이익 추구가 행동 패턴이나 시장가격 등에 영향을 미친다는 주장이 매우 흥미로웠어요. 물론 회계사 시험에 경제학이 들어가 있기에 크게 본다면 회계사와 관련 있는 학과라고 해도 틀린 말은 아니겠네요.

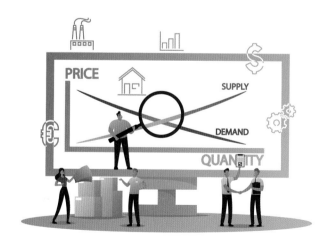

대학 시절은 의미 있고 재밌게 보내셨나요?

대학 1~2학년 때는 노느라 정신이 없었습니다. 진로에 대한 고민을 애써 무시하고 덮어두던 시절이었고, 딱히 뭘 하고 싶은 생각도 없었죠. 대학 친구들과 어울리면서 학업에 등한시하던 시절이었어요. 그래서 학점 역시 좋지 못했습니다. 군대를 다녀온 후 3~4학년 시절은 1~2학년 때 채우지 못했던 걸 메꾸는 시간이었죠. 하지만 그때도 특별히 하고 싶은 것은 없었어요. 하지만 이대로 가다가는 아무것도 안 될 거 같은 기분이 들었죠. 당장 하고 싶은 일이 없어도 무언가 준비는 해야 했어요. 1~2학년 때 들었던 수업을 재수강하여 학점을 복구하였고, 토익이나 기타 자격증 시험을 준비하면서 시간을 보냈습니다. 어떤 기회가 올지 모르겠지만, 그 기회는 무엇이든 준비를 해둔 사람에게 온다고 생각했기에 높은 학점과 토익점수를 유지하려고 노력했어요.

회계사에 관심을 두게 된 결정적인 계기가 무엇이었나요?

뚜렷한 목표 없이 학점과 취업에 필요한 기본자격증을 준비하면서 시간을 보내던 중, 학교 고시반에서 회계사 합격생을 초대하여 상담을 진행하는 행사가 있었어요. 그 당시까지 회계사라는 직업에 대해선 자세히 알지 못했습니다. 회계학을 대학에서 들어본 적이 없었으니 당연한 일이죠. 진로에 대해 방향을 잡지 못하던 터라 뭐라도 들어보자는 생각에 행사에 참석했어요. 만약 그 행사를 가지 않았더라면 지금 회계사가 아니었을 수도 있겠네요. 행사에 참석하신 회계사분과 1대1 상담을 하면서 회계사라는 직업에 관심이 기울었죠. 회계사에 대해 더 많은 정보를 인터넷을 통해 알아보면서 도전하고 싶다는 생각이 들기 시작했어요. 솔직히 경제·경영학부 쪽에서 최상위 자격증으로 취급받았기 때문에 욕심도 났고요.

▶ 첫 시즌이 끝난 후 일본 여행

전문가는
고객을 도와주려는
마음가짐이
있어야 한다

2017년 제52회 공인회계사시험 합격 기념

▶ 합격 후 기념사진

▶ 돼지 축사 재고 실사 입회

Question 회계사 자격시험에 도전하여 합격하는 과정을 자세히 알려주세요.

회계사가 되기 위해서는 대학에서 필수로 들어야 하는 과목들이 있답니다. 금융감독원 사이트에 회계사 시험과 관련된 정보가 나와 있으니 확인해보세요. 그리고 일정 수준의 영어점수가 필요해요. 보통 그 기준으로 토익을 선택하며 점수는 700점을 달성해야 하죠. 회계사 시험은 1차 시험과 2차 시험을 통과해야 합니다. 1차는 객관식, 2차는 주관식이에요. 평균 합격 기간은 3~4년 정도로 잡으면 됩니다. 저 같은 경우엔 3년 6개월 정도 수험생활을 했었죠.

Question 회계사가 되신 후에 첫 업무는 어떤 것이었나요?

첫 업무는 '재고실사참관' 업무였어요. 회사의 재무제표에는 '재고자산'이라는 계정이 있답니다. 재고자산이란 회사가 가지고 있는 원재료, 부재료, 상품, 제품 등 생산과 판매가 가능한 자산을 의미하죠. 회계사는 연말에 회사가 재고실사하는 것을 참관하면서 회사가 제시하는 자료 중에 재고자산의 입·출고를 기록한 '재고수불부*'라는 장부가 믿을 수 있는 자료인지 확인하는 절차를 수행하거든요. 회계(Accounting)는 결국 실제를 숫자로 기록(Counting)하는 것이기 때문에 현장에서 기록이 잘 되고 있는지 확인해야 합니다.

* 재고수불부(在庫受拂簿) : 재고의 수불 내역을 작성하는 문서.

재고실사참관 업무에 관하여 좀 더 자세히 알 수 있을까요?

예를 들어, '재고수불부'에는 원자재가 세 가지 종류 품목으로 각각 10개씩 기록되어 총 30개의 원자재가 있다고 가정해 봅시다. 그런데 품목별로 숫자가 다르다든지, 창고 상태가 엉망이라든지, 직원들이 해당 재고를 찾지 못하거나 시간이 지나치게 걸린다든지, 분실의 위험이 있음에도 불구하고 관리가 안 되고 있다든지 등의 이슈가 생긴다면, 회사가 제시하는 재고수불부를 믿을 수 없겠죠. 이때는 감사업무를 수행하는데, 전략을 수정하거나 감사 결과가 좋지 않게 나올 가능성도 염두에 두게 되죠.

예전에 일하셨던 빅4 회계법인과 현재 일하시는 회계법인과의 차이점은 무엇인가요?

보통 빅4 및 규모가 어느 정도 되는 법인의 경우, 부서가 나뉘어 해당 부서와 관련된 업무밖에 못 하는 경우가 대부분이거든요. 부서이동(Tansfer)을 시도할 수 있지만, 쉽지 않은 게 현실이죠. 제가 현재 속한 회계법인 '더올'은 이제 2020년 7월에 설립된 신생 법인으로서 비록 아직은 회계사의 수는 적지만, 업계에서 10~20년간 근무한 베테랑 회계사들로 구성되어 있습니다. 부서를 나눌 만큼 구성원이 많지 않지만, 오히려 그러한 이유로 다양한 업무에 함께 참여할 수 있다는 점은 규모가 큰 회계법인과 차별화되는 장점이라 할 수 있겠네요.

 **현실적으로 회계 업무를 하시면서 새롭게 방향 설정을 하시게 된 이유가 있을 텐데요?**

모든 전문가가 그렇듯이, 전문가는 고객을 도와주려는 마음가짐이 있어야 한다고 생각해요. 사실 기업에서 회계팀은 영업과 같은 Front-Office가 아니라, Back-Office에 해당하기 때문에 중요하게 생각하지 않는 경향이 있어요. 발로 뛰어 영업하거나 연구 활동을 통해 부가가치를 창출하기보다는, 현재 회사의 운영을 관리해주는 관리(Managing)의 성격을 가지기 때문이겠죠. 이러한 이유로 회사의 회계팀에 투자를 소홀히 하게 되는데, 이는 회사의 규모가 작아질수록 심해지는 경향이 있답니다. 게다가 회계기준이나 세법, 그리고 회계업계의 트렌드는 끊임없이 변하고 있고, 회사의 규모가 커질수록 더욱 이러한 기준 등을 맞춰야 하는 점은 현직에서 느끼는 어려움 중 하나예요. 저는 현직의 이러한 어려움을 이해하고 있고, 거기에 맞는 해결 방법을 제시하는 방향으로 업무를 수행하고 있어요.

 **회계사가 회사와 밀약하여 잘못된 재무제표에 대해서 적정의견을 준다고 오해하는 사례도 있지 않을까요?**

요즘은 회계사와 회사와의 독립성을 강조하는 분위기이기 때문에 함께 식사하는 것도 조심하는 분위기예요. 만약 회사와 가담하여 잘못된 재무제표에 대해 '적정의견'을 주는 경우, 공인회계사법에 따라 형사처벌을 받을 수 있을 정도로 중대한 사항이 될 수 있기에 이러한 위험을 부담할 회계사는 없다고 봐요. 참고로 '적정의견'이란 재무제표가 회계기준에 따라 적절하게 작성되었다는 것을 의미하는 것이지, 앞으로의 사업 전망에 대한 긍정적인 평가를 의미하는 것은 아니거든요.

회계사 업무 중에서 가장 기억에 남는 프로젝트나 에피소드를 들려주세요

재고실사참관 업무를 위해 축사에 가서 돼지들을 셌던 게 가장 기억에 남아요. 축사는 총 4개의 작은 축사들로 구성되어 있었고, 이 중에서 가장 많은 돼지가 있는 축사를 샘플로 선정하여 직원들과 축사에서 돼지를 세는 것을 참관했었죠. 이 업무를 하면서 돼지의 크기가 생각보다 크다는 것을 알았고, 암컷과 수컷의 외관이 전혀 다르다는 사실 흥미로웠어요. 하지만 돼지 배설물이 뒤섞여서 발생하는 가스로 인해 숨을 쉬기 힘들 정도였답니다. 오죽하면 업무가 끝나고 난 후에 가스 때문에 목소리가 잘 나오지 않을 정도였으니까요. 또한 배설물 냄새가 몸에 배어 쉽게 사라지지 않더군요. 그 당시 가져갔던 핸드폰의 케이스는 도저히 냄새가 빠지지 않아 버려야만 했죠. 동행했던 고객사 직원이 숫자를 잘못 기록하는 바람에 처음부터 다시 세야 했고, 그 결과 아침 8시에 시작했던 재고실사참관은 밤 8시가 되어서야 끝이 났어요. 그날 집에 도착하니 밤 10시가 넘어가더군요. 겨울이었기에 춥고 냄새났던 경험으로 기억하고 있습니다.

 **Question** **회계사의 근무환경에 관하여** 자세히 설명해 주실 수 있나요?

① 법인별로 차이는 있지만 자유로운 편에 속합니다.

② 복장은 기본은 양복이고, 최근에는 비즈니스 캐주얼까지 허용하는 추세입니다.

③ 서로 존대하며, '회계사님', '선생님'과 같은 호칭을 사용합니다.

④ Busy시즌과 비시즌이 나뉘어 있지만, 요즘은 그 구분이 없어 1년 내내 Busy Season일 정도로 바쁩니다. 하지만 감사부서의 경우 1월~3월은 가장 바쁠 때이기 때문에 매일 야근하게 되며, 최소 밤 10시에 퇴근하게 됩니다. 상황에 따라 새벽에 퇴근하는 때도 빈번합니다.

⑤ 연차는 자유롭게 쓸 수 있지만, 그에 따른 업무상 생기는 문제에 대해서는 온전히 스스로 감당해야 하는 몫입니다.

⑥ 출장이 매우 잦습니다. 회사 관계자와 인터뷰가 가장 중요한 절차 중 하나이기 때문에 회사를 방문하기 위해 출장을 자주 다니게 됩니다. 이러한 이유로 출퇴근 시 노트북을 항상 들고 다니게 됩니다.

⑦ 회사 담당자와의 커뮤니케이션 스킬이 중요합니다. 회사의 재무제표가 가진 문제점을 파악하는 데 가장 중요한 절차가 담당자와의 인터뷰이기 때문입니다. 그리고 간혹 회사 측에서 회계사의 요청사항을 힘들어할 때도 설득할 수 있는 것 또한 회계사의 역할이기에 높은 수준의 커뮤니케이션 스킬이 필요합니다.

⑧ OJT(On the Job Training : 실제 업무에 투입되어 교육받는 방식)로 업무를 배우게 됩니다. 신입 교육 기간은 매우 짧으며, 입사하고 얼마 안 돼서 바로 실무에 투입되게 됩니다. 물론 신입자에게는 어렵지 않은 일들을 시키지만, 적극적으로 선배 회계사님들께 물어보지 않으면 친절하게 가르쳐주시는 분들은 많지 않습니다. 다들 자신에게 주어진 업무가 바빠서 신입 회계사의 업무를 봐주기 힘들기 때문입니다.

⑨ 자신에게 주어진 업무에 대한 책임은 온전히 스스로 책임져야 합니다. 이는 신입이라도 예외는 없습니다. 위에서 말했듯이 모두가 바쁘게 업무를 수행하고 있기에 적극적으로 팀원들에게 도움과 조언을 구하는 자세가 매우 중요합니다. 업무가 지연

될 것 같은 상황이 생기면 빨리 팀원에게 상황을 알려 해결 방법을 찾아야 합니다. 프로젝트를 총괄하는 매니저 회계사가 존재하긴 하지만, 관리하는 프로젝트가 한두 개가 아니기 때문에 상황을 알아주기를 바라선 안 됩니다.

⑩ 클라이언트뿐만 아니라 팀원 간의 커뮤니케이션 스킬 역시 중요합니다.

⑪ 회계사는 다양한 업종의 회사를 대상으로 업무를 수행하기 때문에 항상 공부하는 자세를 유지해야 합니다. 업종에 대한 이해와 관련 회계기준, 실무사례 등을 공부해야만 프로젝트를 성공적으로 끝마칠 수 있습니다. 또한 회계기준과 트렌드는 끊임없이 변하기에 이러한 동향을 수시로 확인해야 합니다. 회계사 합격 후 법인에 입사하고 나서 공부를 놓아버리면 업무를 할 때 본인이 가장 힘들 것이고, 구성원들로부터 좋은 평가를 받을 수 없게 됩니다.

⑫ 회계법인은 업무강도가 상당히 높은 편에 속하기 때문에 이직률이 높습니다. 이는 회계법인이 수행하는 업무의 난이도가 원인이기도 하지만, 입사한 지 3~4년 차만 되어도 작은 프로젝트의 현장관리자 역할을 하기 때문입니다. 즉, 현장에서 팀원과 프로젝트를 관리하고 이끌어가는 역할을 일찍 시작하게 됩니다. 빅4의 경우에도 근속기간이 평균 4~5년 정도인 거 같고, 2년 이내에 이직하는 사례도 종종 봤습니다.

근로회계사에서
이젠 개업회계사

▶ 오랜만에 만난 대학 동기들

▶ 회사 동기들과 한 컷

▶ 사무실에서

Question 회계사의 수입은 어느 정도나 될까요?

　회계사 시험에 합격 후 2년간은 회계법인에서 수습 회계사로 활동하게 됩니다. 2년의 수습 기간엔 대기업 수준의 연봉을 받을 거예요. 그리고 수습 기간이 끝나서 등록회계사가 된 이후부터는 구체적으로 밝힐 수는 없지만 빅4 기준에서 연봉 수준이 빠르게 상승하죠. 하지만 직급이 높아질수록 주어지는 업무의 강도도 함께 높아지는 점을 참고하셔야 합니다.

Question 회계사가 기업 관련 업무를 하니까 투자를 통해 부수입을 얻을 수도 있나요?

　회계사가 기업의 정보를 통해 주식 등의 투자를 하여 많은 돈을 벌 수 있다고 생각하시는 분들이 있는 거 같아요. 하지만 회계사는 공인회계사법 및 감사기준에 따라 감사를 수행하는 기업의 주식을 보유할 수 없답니다. 또한 결산이 완료된 재무제표에 대한 Backdata로 확인할 수 있는 정보는 과거 정보에 해당하기에 미래의 주가를 예측할 수 있는 미래의 사업계획 등을 받을 수 없죠. 일단 그것이 회사의 기밀이기도 하고, 과거 사건의 기록인 재무제표를 확인하는데 미래의 사업계획을 제공하는 회사는 없어요. 물론 비전문가보다는 재무제표를 읽고 해석하는 데에는 능숙하겠지만, 그것이 미래 회사의 전망을 구체적으로 예측할 수 있다는 것을 의미하지는 않습니다.

Question 회계사와 세무사와의 차이점은 무엇일까요?

간혹 회계사가 세무 업무만 하는 것으로 오해하시는 분들이 있어요. 세무 업무는 회계사와 세무사 모두가 할 수 있으며, 회계사는 세무사가 할 수 없는 고유업무인 재무제표 감사업무를 할 수 있죠. 그 외에 다양한 회계 관련 용역을 제공하고 있는 점에서 세무사와의 차이점이라고 생각합니다.

Question 고강도, 고난도의 업무를 수행하시면서 쌓이는 피로를 어떻게 푸시나요?

매일 아침 헬스장에서 근력운동을 하면서 스트레스를 푸는 편이에요. 요즘은 업무상 필요로 인해 골프를 배우기 시작했는데, 생각보다 재밌어서 골프를 하면서 스트레스를 풀곤 합니다.

Question 가까운 사람에게 회계사라는 직업에 대하여 추천 의사가 있으신지요?.

회계사는 굉장히 매력적인 직업이라고 생각하기 때문에 지인이 도전한다면 꼭 추천하고 싶습니다.

Question **현재 개업회계사로서** 어떠한 방향을 설정하셨는지요?

저는 빅펌이라는 울타리를 떠나서 현재 근로 회계사에서 개업회계사로 위치가 바뀌었습니다. 다른 회계사보다 굉장히 빨리 개업한 편이기 때문에 부족한 면이 많아요. 이 글을 쓰고 있는 현재도 저의 전문분야를 정하기 위해 노력하는 중이랍니다. 우선은 현재 주어진 다양한 프로젝트에 참가하여 업무 범위를 넓혀가는 것을 작은 목표로 삼고 있으며, 궁극적으로는 제 전문분야를 정한 후 그 분야의 전문가가 되는 게 최종 목표입니다. 의사도 치과, 내과, 정형외과 등으로 각 영역이 나뉘어 있듯이, 회계사도 자신의 전문분야를 찾아야만 장기적으로 좋은 커리어를 유지할 수 있답니다. 그리고 아직은 제 직원이 없이 프리랜서처럼 일하고 있지만, 몇 년 뒤에는 직원도 채용하고 업무시스템도 정비하여 저만의 사업장을 꾸리는 게 목표예요.

Question **개업회계사로서** 어떻게 자기 계발을 하고 계시는지요?

지금은 다양한 전문분야를 공부하고 있습니다. 그것이 강의를 듣는 것이 될 수도 있고, 독서일 수도 있고, 뉴스와 웹검색이 될 수도 있어요. 그리고 경험해보지 못한 프로젝트 참여를 제안받으면, 주저하지 않고 참여합니다. 프로젝트에 참여한 동료 회계사님들께 질문하고, 업무 외 시간에 따로 공부하면서 해당 프로젝트를 책임감 있게 마무리하려고 노력하고 있죠. 또한 업무와 관련이 없더라도 다양한 서적이나 미디어 자료를 보면서 넓은 분야의 지식을 습득하려고 해요. 그리고 대외활동을 통해 사람들을 만나고 좋은 관계를 유지하려고 노력합니다.

Question 회계사를 꿈꾸는 청소년들에게 해주고 싶은 말씀을 부탁드립니다.

　미디어에서 자주 노출되는 전문직은 주로 의사, 변호사이기에 회계사는 다소 생소한 직업일 거예요. 아마 회계사가 구체적으로 무슨 일을 하는 직업인지도 모르는 사람이 대부분일 겁니다. 이 글이 회계사를 꿈꾸는 청소년분들께 조금이나마 도움이 되었으면 좋겠네요. 회계사는 여러모로 힘든 직업임을 부정할 수 없답니다. 저는 3년 6개월이라는 수험기간을 통해 회계사가 되었지만, 높은 업무강도에 지쳐서 회계사를 준비한 것에 대해 후회하기도 했죠. 하지만 회계사는 할 수 있는 업무가 굉장히 다양하므로 많은 가능성을 가진 직업이에요. 본인이 주체적으로 인생을 살아가고자 하는 마음을 가지고 있다면 도전해볼 만한 직업이라고 생각해요. 단지, 평균 3~4년이 걸리는 어려운 자격시험이기에 단순히 전문직이라는 이유 하나만으로 도전하기에는 위험이 크다고 봐요. 신중한 판단을 통해서 청소년 여러분의 인생 계획을 잘 꾸려나가길 바랍니다.

회계사에게
청소년들이 묻다

청소년들이 회계사에게
직접 물어보는 9가지 질문

회계 관련 학과를 전공해야 회계사가 될 수 있나요?

저의 경우 대학을 회계와 관련된 학과에 진학하진 않았어요. 다만, 행정고시를 준비하기 위해서 복수로 전공한 경제학이 회계사 1차 시험 과목 중 하나였기에 시험을 준비할 때 큰 도움이 되었죠. 관련된 학과가 아님에도 회계사를 선택했던 것은, 정년이 없는 전문직을 취득해야겠다는 생각이 들었기 때문이에요. 특히 전문직 중에서 수리적인 사고와 역량을 많이 요구하는 직업이 회계사라고 생각했어요.

앞으로 AI(인공지능)가 회계사 직업에 위협이 되진 않을까요?

과거에 한 기사에서, AI가 제일 먼저 대체할 직업군에 회계사가 포함되었던 적이 있었어요. 실제로 현 직장에서도 RPA를 통해 수기로 하던 업무가 많은 부분 자동화된 것도 사실이에요. 다만 현행의 국제회계기준이 법처럼 획일화되어 있는 것이 아닌, 판단이 개입되는 원칙중심의 기준이라는 점을 고려해야겠죠. 또한 공인회계사가 단순히 회계처리만을 기계적으로 하는 것이 아니라, 독립적인 제삼자로서 회사가 작성하는 재무제표에 신뢰를 주는 점 등을 고려해 보면 AI로 대체되기는 쉽지 않을 것 같네요. 단기적인 관점에선, 데이터는 AI에 의해 정리되고 회계사는 이에 대한 분석이나 데이터에 관한 판단에 집중하게 될 겁니다. 장기적으로 보면, 회계사 직군이 AI에 의해 대체될 수도 있겠죠. 아마도 그때쯤에는 공인회계사뿐만 아니라 다른 많은 직업이 이미 AI에 의해 대체되지 않을까 싶네요.

* RPA(Robotic Process Automation): 사람이 컴퓨터로 하는 반복적인 업무를 로봇 소프트웨어를 통해 자동화하는 기술

회계사로서 일하려면 지금부터 무엇을 준비해야 할까요?

잔인하게 들릴 수 있지만, 현실을 말씀드리면 서울의 중상위 대학에 입학하는 게 좋아요. 회계사가 되면 거의 모든 분이 회계법인에 입사하게 되는데, 그중 4개의 회계법인(빅4)에 99%의 합격자들이 입사하게 됩니다. 이 빅4 회계법인들은 신입 회계사 채용 시 서울 중상위 대학별로 채용 인원을 할당하거든요. 예를 들어 연세대 120명, 고려대 120명 이런 식으로요. 그리고 오랜 시간 의자에 앉아있을 수 있는 인내심과 배우려는 자세가 정말 중요합니다. 저는 토요일을 제외하고 아침 7시부터 밤 11시까지 매일매일 회계사 시험을 준비했어요. 회계사 업무를 수행할 때도 화장실도 가지 못하고 오랜 시간 의자에 앉아서 일해야 하는 경우가 자주 있어서 인내심은 필수죠. 그리고 회계사는 전문가이기에 많은 사람이 회계사에게 자문하거든요. 이에 대해 답변하기 위해서는 100% 해당 부문에 대해 알고 있어야 하기에 본인이 모르는 분야에 대해서 늘 열려있는 마음가짐이 필요하답니다.

회계사가 되려면 수학과 경영에 관한 사전지식이 많아야 하나요?

회계사에 관한 가장 큰 오해가 두 가지인데 수학을 잘해야 한다는 것, 경영학과를 나와야 한다는 겁니다. 회계사가 업무를 할 때는 쌀집 계산기를 씁니다. 왜 쌀집 계산기겠어요? 쌀집에서 쓸 만큼 간단한 계산기란 말이겠죠? 버튼이라곤 더하기 빼기 곱하기 나누기밖에 없지만, 그것만으로 충분합니다. 복잡한 공학용 계산기는 필요 없어요. 회계사는 논리적인 사고와 전문가적 의구심이 중요한 것이지, 미적분 같은 어려운 수학을 잘할 필요는 없어요. 경영학과를 나올 필요도 없어요. 예전에는 경영학과나 회계학과 출신의 회계사가 많았지만, 최근에는 탈 중앙집권화가 가속화되는 사회변화에 맞추어 인문대, 공대, 경찰 등 다양한 출신의 회계사가 더 주목받는 분위기예요. 경영학과를 나오지 않아도 업무에 필요한 경제·경영 지식은 일하면서도 충분히 습득할 수 있답니다.

타 직업군과 비교해서 회계사 직업의
특이점은 무엇일까요?

회계사는 일정 기간 실무수습을 받아야 하기에 보통 회계법인에 먼저 입사한답니다. 우리나라에는 196개 회계법인이 있지만, 현재는 대부분 가장 규모가 큰 회계법인 4곳에서 실무수습을 받게 되죠. 이 기간에는 주말, 밤낮없이 강한 업무강도로 자신의 실력을 쌓아가는 시기이기도 해요. 물론 힘들고 어려운 기간입니다. 이후에는 자기 적성에 따라 소속된 회계법인에 그대로 남거나, 일반 기업이나 공기업으로 이직하기도 하고, 저처럼 다른 회계법인 등에서 개업하기도 합니다. 개업회계사의 경우엔 시간을 매우 자유롭게 사용할 수 있는 장점이 있죠.

회계사라는 업무가 많은 사람을 만나서
소통해야 하는 직업인가요?

회계사가 사람과 대면하지 않는 업무만 수행할 거로 오해하시는 분들이 있어요. 하지만 회계사라는 업무 자체가 높은 수준의 커뮤니케이션 스킬을 요구합니다. 직접 회사 담당자를 만나 인터뷰를 수행해야 하고, 팀원과 원활한 팀워크를 위해 정보공유도 적극적으로 해야 하죠. 또한 어느 정도 직급이 올라가면 스스로 고객을 만들기 위해 영업도 해야 한답니다. 영업에 대한 부담이나 어려움을 느끼시는 분들은 회계법인을 떠나 공기업 혹은 일반 기업의 회계팀으로 이직하기도 하죠.

회계사 시험에 합격하면 어떻게 일하고 수입은 어느 정도가 되나요?

합격 후 회계사는 대부분 회계법인에서 근무 회계사로 커리어를 시작하죠. 빅펌에서 국내외 유수 기업들을 대상으로 감사, 세무, 컨설팅 등의 다양한 업무를 하게 되는데, 그중 본인에게 잘 맞는 분야를 찾아서 전문성을 쌓아가면 됩니다. 초봉은 5,000~6,000만 원 사이에서 결정되고, 이후 회계법인 내에서 차근차근 경력을 쌓아 10년 이내에 억대 연봉은 무난히 받을 수 있을 거예요. 인공지능 도입으로 회계사가 없어질 거라고 외국 기사에 많이 나오곤 하는데, 회계사는 사람이나 기업의 행동과 숫자를 감사하는 직업이잖아요? 인간이 지닌 성향을 고려할 때 관리 감독의 특성을 가진 이 직업의 업무가 변형될 수는 있어도, 사라질 순 없다고 봐요.

회계사 사격시험에 관하여 구제직으로 일 수 있을까요?

공인회계사가 되기 위해서는 반드시 금융감독원에서 출제하는 공인회계사 시험에 합격해야 하죠. 시험에 응시하기 위해서는 일정 수준의 영어성적(토플, 토익, 텝스, 지텔프 등)을 제출하여야 하고, 회계학, 세무학, 경영학, 경제학 등의 학점을 이수해야 합니다. 그래서 상경계열 학생들이 회계사 준비가 수월하다고 하는 거예요. 학점과 영어 조건을 충족했으면 시험에 응시할 수 있고, 시험은 1차 객관식과 2차 주관식 시험으로 이루어져 있답니다. 1, 2차 시험 모두 계산기를 가지고 들어갈 수 있으며, 1차 시험은 경영학, 경제학, 상법, 세법, 회계학으로 5과목으로 구성되어 있고 상대평가입니다. 2차 시험은 세법, 재무관리, 회계감사, 원가회계, 재무회계 5과목으로 구성되어 있고 절대평가입니다. 저의 경우는 2012년 7월부터 공부를 시작해서 2013년 1차에 불합격 후 2014년에 합격, 2014년 2차에 불합격 후 2015년에 합격하여 총 3년 정도 준비했었죠.

 회계사 시험에 합격하면 회계법인에서 일한다고 하는데,
회계법인에 대해서 자세히 알 수 있을까요?

첫 직장은 회계사 시험에 합격 후 들어간 EY한영 회계법인입니다. 회계업계에서 규모가 큰 회계법인을 '빅4'라고 부르는데, 삼일PwC, 삼정KPMG, 안진Deloitte, EY한영이에요. 법인 이름 뒤에 영어는 해외의 회계법인의 이름이며 삼일, 삼정, 안진은 해외법인과 제휴 관계에 있고, 한영은 One-Firm 체제로 운영되고 있죠. 쉽게 말해서 제휴 관계는 업무상 파트너, One-Firm은 EY의 한국지사라고 이해하시면 되겠네요. 빅4 회계법인은 크게 감사(Audit), 세무(Tax), 컨설팅(Consulting) 부서로 나뉘며, 하는 일은 아래와 같습니다.

- 감사(Audit)부서 : 회계감사 및 회계 관련 용역(재무실사, 내부회계관리제도 관련 용역 등)을 수행
합니다.
- 세무(Tax)부서 : 회계감사가 마무리된 회사의 재무제표를 이용한 세무조정 업무와 그 외 Tax관련
컨설팅 업무를 수행합니다.
- 컨설팅(Consulting)부서 : 기업가치평가(Valuation), 합병(M&A), 기업자문 등을 수행합니다.

이 외에 빅4 및 이외의 회계법인들은 위의 업무에 국한되지 않고 다양한 업무를 통하여 수익을 창출하고 있죠.

CHAPTER

| 3 |

예비
회계사
아카데미

회계사 관련 학과

경영학과

학과개요

'경영'이란 특정한 목적을 달성하기 위해 구성된 조직을 관리하고 운영한다는 뜻입니다. 경영학과에 입학하면 주로 마케팅, 조직·인사, 생산 관리, 재무 관리 등 기업 경영에 대한 지식을 배웁니다. 졸업 후 주로 기업체에 종사하며, '경영'은 어디에나 필요하므로 기업 외 다양한 분야에도 진출할 수 있습니다.

학과특성

경영학은 실용적인 학문으로 평가되며 학생들의 선호도가 높은 학과 중 하나입니다. 경영학과의 역사는 다른 학문 영역에 비해 짧은 편이지만, 이론과 현실을 접합하여 업무 현장에서 활용되는 기술을 배우며, 조직의 생산성을 높이기 위한 문제해결 능력을 익힐 수 있습니다. 특히 신기술 창업 기업을 효율적으로 운영할 수 있는 노하우도 기를 수 있습니다.

개설대학

지역	대학명	학과명
서울특별시	가톨릭대학교(성심교정)	경영학전공
	가톨릭대학교(성심교정)	비즈니스리더융복합전공
	가톨릭대학교(성심교정)	사회혁신융복합전공
	가톨릭대학교(성심교정)	빅데이터인문경영융복합전공
	건국대학교(서울캠퍼스)	글로벌비즈니스학과
	건국대학교(서울캠퍼스)	기술경영학과
	건국대학교(서울캠퍼스)	축산경영·유통경제학전공
	건국대학교(서울캠퍼스)	글로벌비즈니스학부
	건국대학교(서울캠퍼스)	경영학전공
	경희대학교(본교-서울캠퍼스)	컨벤션경영학과
	경희대학교(본교-서울캠퍼스)	국제경영학부
	경희사이버대학교	마케팅·지속경영리더십학과
	경희사이버대학교	글로벌경영학과
	경희사이버대학교	문화예술경영전공
	경희사이버대학교	인문·사회·경영계열
	고려사이버대학교	융합경영학과
	광운대학교	자산관리학과

지역	대학명	학과명
	국민대학교	International Business 전공
	국민대학교	경영학전공
	국민대학교	비즈니스IT학부
	국민대학교	기업경영전공
	국민대학교	경영분석·통계전공
	국민대학교	빅데이터경영통계전공
	국민대학교	기업경영학부
	국민대학교	비즈니스IT전공
	국민대학교	글로벌경영전공
	글로벌사이버대학교	융합경영학과
	글로벌사이버대학교	비즈니스전공
	글로벌사이버대학교	마케팅학과
	글로벌사이버대학교	마케팅전공
	글로벌사이버대학교	문화경영계열
	덕성여자대학교	경영학전공
	동국대학교(서울캠퍼스)	경영학전공
	동덕여자대학교	국제경영학전공
	동덕여자대학교	국제경영학과
	동덕여자대학교	경영학전공
	동덕여자대학교	미래융합학부
	동덕여자대학교	글로벌MICE전공
	동덕여자대학교	문화예술경영전공
	디지털서울문화예술대학교	실버문화경영학과
	명지대학교 인문캠퍼스(인문캠퍼스)	복지경영학과
서울특별시	명지대학교 인문캠퍼스(인문캠퍼스)	미래융합경영학과
	명지대학교 인문캠퍼스(인문캠퍼스)	뷰티경영학과
	명지대학교 인문캠퍼스(인문캠퍼스)	경영대학
	사이버한국외국어대학교	글로벌경영학부
	상명대학교(서울캠퍼스)	웨딩산업학과
	상명대학교(서울캠퍼스)	글로벌경영학과
	상명대학교(서울캠퍼스)	뷰티예술경영학과
	상명대학교(서울캠퍼스)	웨딩비즈니스학과
	상명대학교(서울캠퍼스)	휴먼서비스경영학과
	상명대학교(서울캠퍼스)	융합경영학과
	상명대학교(서울캠퍼스)	경영학전공
	서강대학교	경영학전공
	서강대학교	아트앤테크놀로지전공
	서경대학교	글로벌경영학과
	서울과학기술대학교	경영학과(경영학전공)
	서울과학기술대학교	경영학과(글로벌테크노경영전공)
	서울기독대학교	글로벌휴먼경영전공
	서울대학교	경영대학
	서울대학교	연합전공 글로벌환경경영학
	서울대학교	연합전공 기술경영
	서울디지털대학교	경상학부(경영학과)
	성공회대학교	경영학전공
	성균관대학교	글로벌경영학전공
	성균관대학교	경영대학
	성균관대학교	글로벌경영학과

지역	대학명	학과명
서울특별시	성균관대학교	경영학전공
	성균관대학교	글로벌리더학부
	성신여자대학교	글로벌비즈니스학과
	세종대학교	경영학전공
	세종사이버대학교	패션비즈니스학과
	숙명여자대학교	가족자원경영학과
	숭실대학교	혁신경영학과
	숭실대학교	복지경영학과(편입)
	숭실대학교	복지경영학과
	숭실대학교	미디어경영학과
	숭실대학교	경영학부 융합경영전공
	숭실대학교	경영학부 경영학전공
	연세대학교(신촌캠퍼스)	창의기술경영전공
	연세대학교(신촌캠퍼스)	문화디자인경영전공
	이화여자대학교	경영학전공
	중앙대학교 서울캠퍼스(서울캠퍼스)	경영학부(경영학전공)
	중앙대학교 서울캠퍼스(서울캠퍼스)	지식경영학부
	중앙대학교 서울캠퍼스(서울캠퍼스)	경영학부(글로벌금융전공)
	중앙대학교 서울캠퍼스(서울캠퍼스)	경영경제대학
	추계예술대학교	영상비즈니스과
	케이씨대학교	빅데이터경영학과
	케이씨대학교	G2빅데이터경영학과
	케이씨대학교	경영학부(경영학전공)
	한국방송통신대학교	금융서비스학부 서비스경영전공
	한국열린사이버대학교	주얼리디자인비즈니스학과
	한국예술종합학교	예술경영과
	한국외국어대학교	Global Business & Technology전공
	한국외국어대학교	글로벌스포츠산업학부
	한국외국어대학교	Global Business & Technology학부
	한국외국어대학교	경영학전공
	한국외국어대학교	국제경영학과
	한성대학교	비즈니스컨설팅학과
	한양대학교(서울캠퍼스)	파이낸스경영학과
	한양사이버대학교	시니어비즈니스학과
	한양사이버대학교	마케팅학과
	한양사이버대학교	실버산업학과
	한양사이버대학교	글로벌경영학과
	홍익대학교(서울캠퍼스)	디자인경영융합학부
	홍익대학교(서울캠퍼스)	경영학부 경영학전공
부산광역시	경성대학교	경영학전공
	경성대학교	글로벌경영전공
	고신대학교	글로벌비즈니스학부
	동명대학교	복지경영학과
	동명대학교	유통경영학과
	동명대학교	경영학과 경영학전공
	동명대학교	경영학과(후진학)
	동서대학교	마케팅학전공
	동서대학교	글로벌경영학부
	동서대학교	이벤트/컨벤션학전공

지역	대학명	학과명
부산광역시	동서대학교	경영학전공
	동서대학교	국제지역비즈니스학전공
	동아대학교(승학캠퍼스)	융합경영학과
	동아대학교(승학캠퍼스)	지식서비스경영학과
	동아대학교(승학캠퍼스)	글로벌비즈니스학과
	동아대학교(승학캠퍼스)	석당인재학부 공공경영학전공
	동의대학교	경영학전공
	동의대학교	정보경영학부
	부경대학교	해양수산경영학과
	부경대학교	해양산업경영학가
	부경대학교	경영학전공
	부경대학교	국제경영학전공
	부산가톨릭대학교	유통경영학과
	부산대학교	경영학전공
	부산디지털대학교	경영학전공
	부산외국어대학교	경제데이터금융학부(데이터경영전공)
	부산외국어대학교	경영학부(경영전공)
	부산외국어대학교	글로벌비즈니스학과
	부산외국어대학교	국제무역·마케팅학부
	부산외국어대학교	미주비즈니스학과
	신라대학교	기업경영학과
	신라대학교	경영학전공
	영산대학교(해운대캠퍼스)	중국비즈니스학과
	영산대학교(해운대캠퍼스)	정보경영학부
	영산대학교(해운대캠퍼스)	한국비즈니스학과
	영산대학교(해운대캠퍼스)	인도비즈니스학과
	영산대학교(해운대캠퍼스)	빅데이터융합전공
	영산대학교(해운대캠퍼스)	해운항만경영학과
	한국해양대학교	해운경영학부
	한국해양대학교	해양경영경제학부(해운경영전공)
	한국해양대학교	해양플랜트운영학과
	한국해양대학교	해양경영경제학부(해양정보·금융전공)
	화신사이버대학교	경영복지학부
	화신사이버대학교	복지경영학과
인천광역시	가천대학교(메디컬캠퍼스)	경영학과(글로벌경영학트랙)
	가천대학교(메디컬캠퍼스)	경영학부(글로벌경영학)
	가천대학교(메디컬캠퍼스)	경영학전공
	가천대학교(메디컬캠퍼스)	경영학부(경영학)
	가천대학교(메디컬캠퍼스)	글로벌경영학전공
	가천대학교(메디컬캠퍼스)	경영학과(경영학트랙)
	가천대학교(메디컬캠퍼스)	컨벤션산업전공
	가천대학교(메디컬캠퍼스)	글로벌경영학과
	가천대학교(메디컬캠퍼스)	글로벌헬스케어경영학과
	인천대학교	경영대학 경영학부
	인천대학교	바이오경영학과
	인하대학교	국제학부(국제경영학전공)
	인하대학교	IBT학과
	인하대학교	문화경영학과

지역	대학명	학과명
대전광역시	LH토지주택대학교	건설경영학
	건양사이버대학교	요양시설경영학과
	대전대학교	글로벌비즈니스학부
	목원대학교	마케팅정보컨설팅학과
	목원대학교	정보컨설팅학과
	목원대학교	마케팅빅데이터학과
	목원대학교	서비스경영학부
	목원대학교	서비스경영전공
	목원대학교	기술마케팅학과
	배재대학교	기업컨설팅학과
	배재대학교	여가서비스경영학과
	배재대학교	관광·이벤트경영학과
	우송대학교(본교)	글로벌융합비즈니스학과
	우송대학교(본교)	솔브릿지경영학부
	우송대학교(본교)	철도경영학과
	우송대학교(본교)	글로벌비즈니스학과
	우송대학교(본교)	매니지먼트학부 경영학전공
	우송대학교(본교)	글로벌호텔매니지먼트학과
	우송대학교(본교)	융합경영학부 경영학전공
	충남대학교	국제경영학과
	충남대학교	리더십과조직과학전공
	한국과학기술원	기술경영학과(IT경영학)
	한국과학기술원	기술경영학부
	한국과학기술원	경영과학과(IT경영학)
	한국과학기술원	기술경영학과
	한국과학기술원	기술경영학부(IT경영학)
	한남대학교	비즈니스통계학과
	한남대학교	린튼글로벌비즈니스스쿨
	한남대학교	사회적경제기업학과
	한남대학교	글로벌 IT 경영전공
	한남대학교	융합기술·경영학과
	한남대학교	글로벌비즈니스전공
	한남대학교	융복합창업전공
	한밭대학교	경영학전공
	한밭대학교	기업경영학과
	한밭대학교	융합경영학과
	한밭대학교	자산관리학과
대구광역시	경북대학교	경영학부 경영학전공
	경북대학교	글로벌인재학부 (글로벌리더전공, 융합생명과학전공, 자기설계전공)
	경북대학교	글로벌인재학부 글로벌리더전공
	경북대학교	글로벌인재학부 자기설계전공
	계명대학교	Department of International Business
	계명대학교	경영대학
	계명대학교	경영학전공
	계명대학교	EMU경영학부
울산광역시	울산과학기술원	경영공학부
	울산과학기술원	테크노경영학부

지역	대학명	학과명
울산광역시	울산과학기술원	경영과학부
	울산대학교	경영학전공
	울산대학교	경영학전공(야간)
	울산대학교	경영학부(경영학 야간)
	울산대학교	글로벌경영학전공
광주광역시	광주여자대학교	서비스경영학과
	송원대학교	철도운수경영학과
	송원대학교	철도경영학과
	조선대학교	휴먼융합서비스학부(스마트비즈니스전공)
	조선대학교	휴먼융합서비스학부(지식자산컨설팅전공)
	호남대학교	문화산업경영학과
	호남대학교	경영무역학부
	호남대학교	경영학전공
경기도	강남대학교	융합자율전공학부
	강남대학교	실버산업학과
	강남대학교	경영관리자율전공학부
	강남대학교	글로벌경영학부
	강남대학교	실버산업학부
	경기대학교	경영학전공
	경기대학교	미술경영전공
	경기대학교	이벤트학과
	경동대학교(메트로폴캠퍼스)	안보경영학과
	국제사이버대학교	경영부동산학부
	단국대학교(죽전캠퍼스)	경영경제대학
	단국대학교(죽전캠퍼스)	경영학부 경영학전공
	단국대학교(죽전캠퍼스)	SW융합학부 SW융합경제경영전공
	단국대학교(죽전캠퍼스)	경영학전공
	단국대학교(죽전캠퍼스)	국제학부 국제경영학전공
	단국대학교(죽전캠퍼스)	국제경영학전공
	단국대학교(죽전캠퍼스)	마이스터경영학과
	단국대학교(죽전캠퍼스)	국제경영학과
	서울신학대학교	글로벌비즈니스학부
	서울신학대학교	글로벌경영학과
	수원대학교	경영학
	수원대학교	글로벌비즈니스학과
	수원대학교	글로벌비즈니스학
	수원대학교	글로벌비즈니스
	수원대학교	경영
	신한대학교(의정부캠퍼스)	국방경영학과
	신한대학교(의정부캠퍼스)	안보경영학과
	신한대학교(의정부캠퍼스)	글로벌통상경영학과
	아주대학교	글로벌경영학과
	안양대학교(안양캠퍼스)	경영학전공
	안양대학교(안양캠퍼스)	글로벌경영학과
	중앙대학교 안성캠퍼스(안성캠퍼스)	지식경영학부
	평택대학교	경영학전공
	한경대학교	경영학전공
	한국산업기술대학교	기술경영융합학과
	한국산업기술대학교	기업경영학과

지역	대학명	학과명
경기도	한국산업기술대학교	창의경영학과
	한국산업기술대학교	경영학부 (IT경영전공)
	한국산업기술대학교	경영학부(경영학전공)
	한국산업기술대학교	환경경영학과
	한국산업기술대학교	경영학부 (IT경영전공)
	한국항공대학교	항공·경영융합학부
	한세대학교	경영학전공
	한세대학교	국제경영학과
	한신대학교	사회적경제경영학연계전공
	한신대학교	마케팅사회조사학연계전공
	한신대학교	국제경영전공
	한신대학교	글로벌비즈니스학부
	협성대학교	유통경영학과
강원도	강원대학교	경영학전공
	강원대학교	경영관광학부
	강원대학교	글로벌비즈니스학과
	강원대학교	경영관광회계학부
	경동대학교	국제경영학과
	경동대학교	국제경영학전공
	경동대학교	실버산업학과
	상지대학교	국제비즈니스학과(야)
	상지대학교	FTA국제학부 국제경영전공
	상지대학교	글로벌경영학과
	연세대학교 미래캠퍼스(원주캠퍼스)	경영학전공
	한라대학교	글로벌비즈니스학부
	한림대학교	글로벌비즈니스전공
	한림대학교	사회혁신경영융합전공
	한림대학교	마케팅커뮤니케이션테크놀로지융합전공
	한림대학교	6차산업비즈니스전공
	한림대학교	문화산업전공
	한림대학교	경영대학
	한림대학교	한중비즈니스전공
충청북도	건국대학교(GLOCAL캠퍼스)	경영경제학부
	건국대학교(GLOCAL캠퍼스)	경영학전공 트랙
	건국대학교(GLOCAL캠퍼스)	경영학전공
	건국대학교(GLOCAL캠퍼스)	국제비즈니스학부
	극동대학교	정보경영학과
	극동대학교	글로벌경영학과
	서원대학교	경영학전공
	세명대학교	글로벌경영학부
	세명대학교	기업경영학과
	중원대학교	국제비지니스학부
	중원대학교	기업경영학과
	청주대학교	경영학전공
	충북대학교	국제경영학과
	한국교통대학교	경영·통상·복지학부
	한국교통대학교	철도경영·물류·컴퓨터학부
	한국교통대학교	융합경영학과
	한국교통대학교	경영학전공
	한국교통대학교	융합경영전공

지역	대학명	학과명
충청남도	건양대학교	글로벌경영학과
	건양대학교	글로벌프론티어학과
	건양대학교	글로벌경영학부
	건양대학교	마케팅비즈니스학과
	공주대학교	융합경영학과
	금강대학교	경영학전공
	금강대학교	IT경영학전공
	나사렛대학교	글로벌비서학과
	나사렛대학교	국제경영학과
	나사렛대학교	중국비즈니스학과
	나사렛대학교	글로벌비즈니스학부
	나사렛대학교	글로벌비서경영학과
	남서울대학교	복지경영학과
	단국대학교(천안캠퍼스)	경영학전공
	단국대학교(천안캠퍼스)	글로벌경영학전공
	상명대학교(천안캠퍼스)	보험경영학과
	상명대학교(천안캠퍼스)	융합경영학과
	상명대학교(천안캠퍼스)	문화예술경영전공
	상명대학교(천안캠퍼스)	금융경영전공
	선문대학교	글로벌경영학과
	순천향대학교	글로벌문화산업학과
	중부대학교	글로벌비즈니스학부
	중부대학교	엔터테인먼트학전공
	중부대학교	경영학전공
	중부대학교	엔터테인먼트전공
	청운대학교	융합경영학부
	청운대학교	글로벌경영학과(경영전공)
	청운대학교	공연기획경영학과
	청운대학교	글로벌경영학과
	청운대학교	사회적기업학과
	한국기술교육대학교	HRD학과
	호서대학교	기술경영학과
	호서대학교	빅데이터경영공학부
	호서대학교	경영학전공
	호서대학교	디지털비즈니스학부
	호서대학교	디지털기술경영학과
	호서대학교	글로벌경영공학부
	호서대학교	기술경영학전공
	호서대학교	디지털비즈니스전공
	호서대학교	디지털기술경영전공
전라북도	예원예술대학교(임실캠퍼스)	글로벌호텔관광경영학과
	우석대학교	글로벌비즈니스언어융합전공
	우석대학교	글로벌비즈니스언어전공
	우석대학교	글로벌경영학과
	원광대학교	정보·전자상거래학부
	원광디지털대학교	서비스경영학과
	원광디지털대학교	차문화경영학과
	전북대학교	경영학부 경영학전공
	전주대학교	금융경영전공

지역	대학명	학과명
전라북도	전주대학교	경영관리전공
	선주대학교	기초경영학과
	한일장신대학교	신기술혁신경영학과
	호원대학교	디지털경영학부
	호원대학교	비즈니스학부
전라남도	목포대학교	스마트비즈니스학과
	세한대학교	레저정보산업학전공
	세한대학교	경영학전공
	세한대학교	복지경영학과
	세한대학교	휴먼서비스학과
	세한대학교	레저산업학부
	세한대학교	글로벌비즈니스학과
	순천대학교	물류비즈니스학과
	순천대학교	경상학부(경영학전공)
	순천대학교	경영학전공
	전남대학교(여수캠퍼스)	글로벌비즈니스학부
	전남대학교(여수캠퍼스)	기업경영학과
	한려대학교	글로벌경영학과
	한려대학교	지방자치경영학과
경상북도	경일대학교	ICT경영학부(인문계열)
	경일대학교	상경학부 경영학전공
	경주대학교	글로벌경영학과
	금오공과대학교	컨설팅학과
	금오공과대학교	경영컨설팅학과
	대구가톨릭대학교(효성캠퍼스)	중남미비즈니스전공
	대구가톨릭대학교(효성캠퍼스)	글로벌비즈니스전공
	대구가톨릭대학교(효성캠퍼스)	중국비즈니스전공
	대구가톨릭대학교(효성캠퍼스)	경영학과2
	대구가톨릭대학교(효성캠퍼스)	문화예술경영전공
	대구가톨릭대학교(효성캠퍼스)	중앙아시아비즈니스전공
	대구가톨릭대학교(효성캠퍼스)	IT경영전공
	대구가톨릭대학교(효성캠퍼스)	스마트혁신경영전공
	대구한의대학교(삼성캠퍼스)	글로벌비즈니스전공
	대구한의대학교(삼성캠퍼스)	자산운용학과
	동국대학교(경주캠퍼스)	정보경영학전공
	동국대학교(경주캠퍼스)	경영학전공
	동양대학교	경영관광학부
	동양대학교	디자인경영학과
	동양대학교	철도경영학과
	동양대학교	글로벌비즈니스학과
	안동대학교	경영학전공
	영남대학교	경영학전공
	위덕대학교	글로벌비즈니스학과
	한동대학교	글로벌리더십학부
	한동대학교	경영경제학부
경상남도	경남과학기술대학교	상경대학계열
	경남대학교	경영학전공
	경남대학교	프로네시스융합학부
	경상국립대학교	수산경영학과

지역	대학명	학과명
경상남도	경상국립대학교	해양수산경영학과
	인제대학교	경영통상학과
	인제대학교	글로벌 경영학부
	창신대학교	중국비즈니스학과
	창원대학교	글로벌비즈니스학부
	창원대학교	자산관리학과
	창원대학교	신산업경영학과(야)
제주특별자치도	제주국제대학교	핀텍경영학과
	제주대학교	경영·회계·관광경영·무역학학과군
세종특별자치시	고려대학교 세종캠퍼스(세종캠퍼스)	디지털경영전공
	고려대학교 세종캠퍼스(세종캠퍼스)	글로벌경영전공
	고려대학교 세종캠퍼스(세종캠퍼스)	국제정보경영학부
	고려대학교 세종캠퍼스(세종캠퍼스)	융합경영학부
	홍익대학교 세종캠퍼스(세종캠퍼스)	융합전공 빅데이터비즈니스전공
	홍익대학교 세종캠퍼스(세종캠퍼스)	상경학부 국제경영(중국·일본)전공
	홍익대학교 세종캠퍼스(세종캠퍼스)	상경학부 글로벌경영전공
	홍익대학교 세종캠퍼스(세종캠퍼스)	국제경영학과

회계학과

학과개요

회계는 기업을 포함한 경제 주체들이 합리적인 의사결정을 할 수 있도록 유용한 정보를 제공하는 정보시스템입니다. 모든 경제 주체들은 제한된 자원에 대한 효율적 배분을 통해 최대의 효익을 얻고자 합니다. 회계정보는 자원배분이 효율적으로 이루어지도록 지원하며, 회계학은 이러한 회계 정보를 과학적이고 체계적인 방법으로 산출, 해석하도록 하는 학문 분야입니다. 회계학과는 미래의 경영 및 회계 변화도 예측할 수 있는 자질을 함양함으로써 유능한 회계 실무자를 양성하는 것에 교육목표를 두고 있습니다.

학과특성

회계학과는 급변하는 기업환경과 글로벌한 자본시장에서 요구되는 전략적 사고와 실무적 능력을 겸비한 회계전문가 양성을 교육목표로 합니다. 회계 관련 전문지식 습득과 회계 관련 각종 자격증을 취득할 수 있도록 교과과정이 설계되어 있으며 각 대학에 따라 학생들이 실무를 직간접적으로 경험할 수 있도록 다양한 국내외 산학연계 및 인턴십, 자격증 지원 프로그램, 그리고 국제교류 프로그램 등을 운영하여 실무적인 능력을 갖추도록 교육하고 있습니다.

개설대학

지역	대학명	학과명
서울특별시	가톨릭대학교(성심교정)	회계학과
	가톨릭대학교(성심교정)	회계학전공
	국민대학교	파이낸스·회계학부
	국민대학교	회계학전공
	덕성여자대학교	회계학과
	덕성여자대학교	회계학전공
	동국대학교(서울캠퍼스)	회계학과
	동국대학교(서울캠퍼스)	회계학전공
	사이버한국외국어대학교	경영회계학과
	세종대학교	경영회계학과
	세종대학교	경영회계전공
	숭실대학교	경영학부 회계학전공
	숭실대학교	회계학과
	연세대학교(신촌캠퍼스)	계량위험관리전공
부산광역시	경성대학교	회계학과
	동명대학교	금융·회계학과
	동서대학교	회계정보학전공
	동서대학교	회계학전공
	동의대학교	회계학과
	동의대학교	회계학전공
	부경대학교	회계·재무시스템전공
	부산대학교	회계학전공
	부산외국어대학교	경영학부(회계전공)
	영산대학교(해운대캠퍼스)	회계전공
대전광역시	대전대학교	회계학과
	충남대학교	회계학과
	한남대학교	회계학과
	한밭대학교	경영회계학과
	한밭대학교	회계학과
	한밭대학교	회계학전공
	한밭대학교	회계학과
대구광역시	경북대학교	경영학부 회계학전공
	계명대학교	회계학전공
울산광역시	울산대학교	회계학전공
	울산대학교	회계학과
경기도	단국대학교(죽전캠퍼스)	경영학부 회계학전공
	단국대학교(죽전캠퍼스)	회계학전공
	수원대학교	회계
	수원대학교	회계학
	수원대학교	회계학과
강원도	강릉원주대학교	회계학과
	강원대학교	회계학과
	강원대학교	회계학전공
	상지대학교	회계학과
	상지대학교	회계정보학과
충청북도	서원대학교	회계학전공
	서원대학교	회계학과

지역	대학명	학과명
충청북도	세명대학교	회계학과
	청주대학교	회계학전공
	청주대학교	회계학과
충청남도	금강대학교	회계학과
	단국대학교(천안캠퍼스)	회계학전공
	순천향대학교	회계학과
전라북도	군산대학교	회계학과
	전북대학교	회계학과
	전북대학교	경영학부 회계학전공
전라남도	순천대학교	경제회계학부
	순천대학교	회계학과
	순천대학교	회계학전공
	순천대학교	경제회계학부(회계학전공)
경상북도	경주대학교	경영정보회계학전공
	대구대학교(경산캠퍼스)	회계학과
	동국대학교(경주캠퍼스)	회계학전공
	동국대학교(경주캠퍼스)	다솔회계학과
	안동대학교	회계학과
	안동대학교	회계학전공
경상남도	경남과학기술대학교	회계정보학과
	경남과학기술대학교	회계학과
	경남대학교	회계학전공
	경상국립대학교	회계학과
	창신대학교	경영회계학과
	창원대학교	회계학과
제주특별자치도	제주국제대학교	경영회계학과
	제주대학교	경영회계관광경영학과군
	제주대학교	경영회계경영정보학과군
	제주대학교	회계학과
세종특별자치시	홍익대학교 세종캠퍼스(세종캠퍼스)	상경학부 회계학전공
	홍익대학교 세종캠퍼스(세종캠퍼스)	회계학전공

기타 관련 학과

경제학과, 세무학과, 금융경영과, 금융보험학과

회계의 영역

　회계는 재무보고(財務報告)·세액산정(稅額算定)과 세무계획(稅務計劃)·감사(監査)·원가회계(原價會計)와 관리회계(管理會計)·비영리회계(非營利會計)·정부회계(政府會計)·회계정보시스템 등을 그 영역으로 한다. 재무보고와 관련 있는 회계는 재무회계라 부르며, 세액산정과 세무계획을 다루는 회계는 세무회계라고 통칭한다. 재무회계·세무회계·원가회계·관리회계·회계감사는 주로 기업회계에 속하는 분야이고, 신탁회계·정부회계·국민소득회계는 기업 아닌 비영리단체회계에 속하는 분야라 할 수 있다. 이같이, 엄밀하게 회계를 분류하면 기업회계·비영리단체회계로 분류되어야 하겠으나, 통상적으로는 회계를 기업회계로 좁게 해석하고 있다.

◆ 재무회계

　재무회계(財務會計, 영어: financial accounting, financial accountancy)란 회계학의 한 분야로 기업의 재무 상태와 경영실적 정보 등을 측정하여 주주, 채권자, 정부 등과 같은 기업의 외부 이해관계자들에게 재무 정보를 제공하기 위한 과정이다. 이러한 재무 정보는 재무제표라는 형태로 제공되며, 기업 외부의 많은 이해관계자에게 객관적인 회계정보를 제공하기 위하여 일정한 기준이 필요한데, 일반적으로 인정된 회계원칙(GAAP; Generally Accepted Accounting Principles)이 그 기준이 되며, 보통 각 국의 정부기관 또는 민간기관에 의해 정해진다.

◆ 세무회계

　세무회계(稅務會計, 영어: tax accounting)는 세법의 규정과 재무회계의 회계기준에 따라 기업 이익(경영성과)에 대한 과세소득을 측정하는 과정을 말한다. 이와 연관되는 조세 제도로는 부가가치세, 소득세, 법인세, 지방세 등이 있다. 특히, 법인세를 산정하는 목적으로 재무회계를 통해서 산출된 순이익을 조정하여 과세소득을 산출하는 절차를 '세무조정'이라 한다.

◆ 원가회계

원가회계(原價會計, 영어: cost accounting)란 제품의 정확한 원가 정보를 생성하는 과정이다. 원가회계에서 생성된 원가 정보는 재무회계와 관리회계에서 제품 원가 정보로 사용된다.

◆ 관리회계

관리회계(管理會計, 영어: management accounting, managerial accounting)란 경영자의 내부자원관리에 대한 의사결정과 부서 및 개인의 실적 평가를 위해 회계정보를 구별, 측정, 분석하는 과정이다. 내부 경영자를 위한 정보를 생성한다는 면에서 외부 이해관계자를 위한 정보를 생성하는 재무회계와 구별된다.

◆ 회계감사

회계감사(會計監査)는 타인이 작성한 회계기록에 대하여 독립적 제삼자가 분석적으로 검토하여 그의 적정 여부에 관한 의견을 표명하는 절차를 말한다. 여기서 '회계기록'이라 함은 회계장표만을 의미하는 것이 아니고, 회계장표의 객관적 사실을 뒷받침해주는 각종 증빙서류와 회계기록의 내용을 명백히 밝히는 제사실 모두를 포괄하는 개념이다. 종래의 회계감사는 주로 허위와 부정을 적발하는 데 주안점을 두었다고 할 수 있다. 그러나 현대의 감사는 허위와 부정 및 오류를 적발하기보다 오히려 회계처리가 적정한가를 확인하고, 재무제표상의 여러 계정을 분석하여 그것이 기업의 재무 상태와 경영성과를 적정하게 표시하고 있는지를 확인하는 데 있다. 물론 이러한 감사를 통하여 모든 허위나 오류가 반드시 적발되지는 않으나 중요한 허위나 오류는 적발할 수가 있으며, 이를 통하여 이러한 오류나 부정을 예방할 수도 있다.

출처: 한국민족문화대백과사전/ 위키백과

회계학과에서 배우는 과목

회계입문 →

회계 입문은 회계학을 처음 배우는 학생들을 위해 개설되었다. 이 과목은 학생들이 회계학이 무엇인가를 올바로 이해할 수 있도록 하는 것을 목적으로 하고 있다. 본 과목은 다음의 내용을 주로 가르친다.
(1) 회계정보의 역할과 사회적 기능을 소개
(2) 회계정보의 의미를 설명
(3) 회계순환과정을 설명하여 회계의 흐름을 학생들에게 이해시키고자 한다.

생활 속의 회계 →

회계란 기업의 재무 상태를 표현하는 기업의 언어라고도 할 수 있으며 경제사회에서 회계는 현대인이라면 누구나 갖추어야 할 교양과목이라고도 할 수 있다. 따라서 본 강좌는 비전공자들이 사회생활을 수행하는데 업무들에 실제로 적용할 수 있는 재무 및 회계에 관한 기본원칙을 이해하고 실용 지식을 습득하도록 하였다. 더불어 재무제표들을 이해할 수 있는 능력을 배양하고, 이에 관련된 용어들을 습득함으로써 재무 및 회계담당자들과 의사소통 할 수 있도록 한다. 또한 향후 취업, 창업이나 연구개발 분야와 관련된 기초 회계지식을 배양하고자 한다.

경영S/W활용 →

현대 사회에서는 컴퓨터와 관련한 제반 정보시스템이 급격히 발전되어 그 성능 및 중요성이 나날이 증가하고 있다. 워드프로세서, 스프레시스, 데이터베이스의 숙달된 사용 및 소프트웨어들 사이의 심도 있는 데이터 교환, 그룹웨어, 인터넷 등의 이용에 초점을 두고 경영에 유효하게 활용할 수 있는 컴퓨터와 정보시스템의 활용 방법을 이해하고 그에 적응해 나갈 수 있는 능력을 배양한다.

회계원리1 →

회계학 전공자들이 앞으로 회계학을 체계적으로 공부하는네 필요한 기본적인 내용을 대상으로 한다. 즉, 회계의 목적, 회계의 기초 개념, 회계상의 거래를 기록, 분류, 집계하여 재무제표를 작성하는 방법 등을 대상으로 공부한다.

창업과 세무 →
현대 사회의 사업과 경제생활에 밀접한 영향을 주고 있는 것 중의 하나가 바로 세금이다. 그러나 일반적으로 세무 문제는 세무 전문가들만이 할 수 있는 일이라고 생각하여 관심이 없거나 전문가에게 모두 일임하는 것이 현실이다. 하지만 조금만 세금 문제에 관심을 기울인다면 평소 기업 경영을 하면서도 탈세가 아닌 절세를 할 수 있다. 본 강좌는 현재 창업을 꿈꾸고 있거나 사업을 운영하고 있고 또는 향후 취업을 목표로 하는 학생들에게 사업과 관련된 전반적인 세금을 검토할 것이며 아울러 법이 허용하는 범위 내에서의 절세포인트를 점검하게 될 것이다.

원가회계 →
원가 정보는 경영활동을 계수적으로 관리하는 수단이므로 원가회계 체계와 계산 절차, 각종 원가계산의 원리와 방법을 이해시키며 경영관리에 유용한 원가 정보를 제공할 수 있는 이론과 기법을 익힌다.

회계원리2 →
기업에서 발생하는 다양한 거래를 측정, 분석, 요약하는 기초지식을 학습한다. 재무 보고서의 작성을 위한 회계순환과정과 자산, 부채, 자본에 대한 각 계정과목의 기록 및 분개 방법을 공부한다.

세법개론 →
부가가치세, 소득세, 지방세, 상속세, 증여세 등의 세법을 중심으로 포괄적인 세법 이론 및 실무를 다룬다.

경영통계학 →
통계학의 기본적 지식을 경영학에 적용할 때 통계적 사고를 할 수 있도록 유도하며 다양한 기법의 소개 및 사례 분석을 통해 실제적인 문제를 처리할 능력을 배양한다.

마케팅관리 →
기업의 마케팅 관리자가 수행해야 하는 마케팅 활동의 계획, 조직, 통제와 관련하는 전반적 기능과 제품이념, 서비스·가격·촉진에 관련하는 부문적 기능에 관한 연구 및 강의이다.

인적자원관리 →
기업 인적자원관리의 기본적 목표를 달성하는데 필요한 인적자원관리의 이론을 인력의 흐름에 따른 개별 영역에 관하여 전개하면서 전반적으로 시스템 사고를 강조한다.

경영정보시스템 → 경영정보시스템은 경영자가 조직을 관리하고 경영 성과를 향상하는 데 필요한 정보를 수집, 생성, 보관, 배포 및 활용을 하는 데 관련된 컴퓨터 기반 시스템을 의미한다. 오늘날 기업에 있어서 비즈니스 프로세스 대부분이 컴퓨터 기술에 기반을 둔 정보기술(IT)에 의하여 수행된다. 따라서 경영자는 정보기술을 경영에 적절하게 활용할 수 있는 능력을 필수적으로 갖추어야 하게 되었다. 본 과목에서는 경영을 위한 정보기술의 활용 능력을 함양하는 데 필요한 기본적인 주제들을 광범위하게 학습한다. 학습의 주제에는 정보시스템의 유형, 정보 통신, 인터넷, 데이터 자원 관리, e-비즈니스와 전자상거래, 정보기술을 활용한 경영 혁신, 정보기술과 전략, 지식경영시스템, 인공지능, 정보시스템의 개발, 보안 등이 포함된다.

재산세제법 → 재산의 취득, 보유, 양도에 따른 전반적인 세제 체계 즉, 양도소득세, 종합부동산세, 상속세, 증여세, 지방세 등 전반적인 재산 관련 세제를 이해를 이해하고 이를 실무적으로 활용할 수 있도록 함에 목적이 있다.

회계장부 조직론 → 회계 원리의 보완에 역점을 두어 회계 기록을 중심으로 회계 사이클을 숙지시키고, 회계 사이클의 기본적인 사고력을 기르기 위한 강좌이다. 주로 회계 원리 수준의 문제를 다루되, 전표제도를 활용한 회계처리에 중점을 두어 과제를 부과하고, 여러 차례 점검하여 의문이 많은 부분에 대해 중점 강의한다.

관리회계 → 책임회계의 실현에 관해 설명하고, 원가추정 및 회귀분석, 자본예산 모델, 특수원가 개념의 활용 등 원가회계에서 미비했던 관리적 회계정보를 최고경영자에게 제공할 수 있도록 학습한다.

중급 회계1 → 회계학의 기초과목(회계 원리, 재무회계, 회계이론 등)을 이수한 학생들을 대상으로, 이들 기초과목에서 배운 회계학의 제 개념 및 이론들을 중급수준의 회계처리 시 그 응용 능력을 배양하고자 하는 것이 강의의 주목적이다. 따라서 회계학의 기초과목에서 다루어졌던 부분 및 앞으로 배울 고급회계 영역에서 대상으로 하는 분야(리스회계, 물가변동회계, 연결회계 등)는 본 강의에서 제외된다.

재무관리 → 기업의 자금과 관련된 활동을 효율적으로 수행하기 위한 학문으로서 기업가치 극대화를 위한 자금조달과 투자 결정 문제를 중심으로 자본자산 가격이론, 자본비용과 자본구조결정, 배당정책, 자금계획 등에 관한 이론과 기법을 다룬다.

| **회사법** | 현대기업의 가장 중요한 형태로서 자유 경제의 중추적 역할을 담당하고 있는 것이 회사인 만큼 상법학 중에서 회사법이 차지하는 비중이 크다. 특히 주식회사에 관한 법규가 복잡하므로 주식회사 편을 중심으로 강의하며 또한 필요한 부분은 증권거래법상의 제반 법규의 해설을 곁들인다. |

| **현장실습1** | 4주간의 기업체 현장실습으로 구성되어 있다. 4주간의 현장실습을 통하여 학교에서 공부한 전공 분야 이론이 기업 실무에 어떻게 적용되고 있는지를 체험해볼 수 있다. 이러한 현장 체험은 향후 자신의 진로 설정에도 많은 도움이 될 것이다. |

| **국외현장실습1** | 4주간의 국외 기업체 현장실습으로 구성되어 있다. 현장실습을 통하여 학교에서 공부한 전공 분야 이론이 기업 실무에 어떻게 적용되고 있는지를 체험해볼 수 있다. 취업에 필요한 준비를 구체적으로 추진하게 유도함을 목적으로 한다. |

| **소비세계법** | 간접세법의 일반이론을 검토함과 동시에 부가가치세법, 특별소비세법, 주세법 등의 체계 및 이론적 배경을 이해하고 실무적으로 활용할 수 있도록 하는 데 목적이 있다. |

| **회계와 경영실무** | 사회적 이슈가 되는 기업 경영과 경제 문제를 회계학의 관점에서 다루어 본다. 해당 이슈와 관련된 재무회계(혹은 관리회계) 정보의 본질과 특성, 그 결과에 대해 분석해 본다. 또한 회계실무 사례와 실무보고서를 깊이 있게 분석해보고 회계학의 실무 적용역량을 강화한다. 본 강좌를 통해 투명하고 공정한 회계정보의 가치, 합목적이고 신뢰할 수 있는 회계정보의 필요성과 중요성을 되새겨 보도록 한다. |

| **세법학** | 법해석상의 의미를 중심으로 법인세, 소득세, 부가가치세의 기본적인 내용을 숙지하는 것이다. 기계적인 문제 풀이로만 다루었단 세법을 의미를 중심으로 인지함으로써 세법에 대한 심층적 이해도를 향상하는 것이 본 교과목의 목적이다. 부수적으로 세무사 시험의 교과목이기도 한 세법학을 학습함으로써 세무사로서 진로를 스스로 진단하고 계획하는 것을 목적으로 한다. |

| 회계이론 | → | 인간 - 사회 - 정보의 관련하에서 회계의 처리 과정에서 발생하는 문제들을 해결할 수 있는 사고력을 기르기 위해 회계의 근본적인 구조를 습득하게 한다. |

| 회계감사 | → | 직업회계인으로서 사회에 진출하여 기업의 회계처리가 적정한가를 감사하여 감사의견을 제시하고자 함에 의의가 있다. |

| 중급회계2 | → | 중급회계1의 연결과목이며, 중급회계1을 수강한 학생들을 대상으로 중급회계1에서 다루지 못한 교재의 후반부(부채, 자본, 리스, 법인세 회계, 회계변경과 오류수정 등)를 대상으로 한다. |

| 상업교과교육론 | → | 교육 현장에서 교사가 상업 전공 또는 부전공 교과를 가르칠 때 상업 교과를 가르쳐야 하는 이론적 근거를 제시할 수 있게 하고, 상업교육의 목표를 설정할 수 있게 하여, 타당한 내용 및 적절한 활동을 선정·조직하여 상업 교과 교육 계획안을 작성할 수 있게 하는 데 중점을 둔다. |

| K/IFRS연습 | → | 한국채택국제회계기준의 주요 토픽별 내용을 검토하고, 한국채택국제회계기준의 실무 적용 능력을 높이기 위하여, 토픽별 주요 회계처리 문제에 대해서 발표와 분석을 수행한다. |

| 기업분석과 경영종합설계PBL | → | 기업 현황, 산업에 대한 정보, 사업에 관한 정보 및 재무제표에 기초한 기업의 장·단기상환 능력, 수익성 분석, 현금흐름 분석, 기업가치 분석 등을 분석해 봄으로 해당 기업의 투자가치를 판단해 보고 적절한 의사결정을 유도하는 데 있다. 또한, 기업 경영 문제를 인식하고 합리적인 해결방안을 도출하는 경영지원 시스템의 핵심 요인인 원가·관리회계에 대한 이해를 통하여 기업 내부의 전략적인 관리 의사결정에 어떻게 이용되는지를 이해하고자 한다. 결국 본 교과목의 목적은 기업의 외부이용자뿐만 아니라 내부이해관계자의 의사결정에서 활용되는 기업분석 및 경영설계를 통하여 두 가지 측면의 기업의 본질을 파악하는 데 있다. 이 과정은 팀 단위를 구성하여 기업 지배 구조, 기업분석 및 회계와 관련된 문제에 관한 연구 및 발표로 진행된다. 이러한 팀 프로젝트 과제를 통해 회계 관련 이론이 실제로 어떻게 실무에 적용되는지 연구하고 팀워크를 통해 공동체 의식을 높이는 데 도움이 될 것이다. |

| 세무회계 | → | 기업회계에서 계산된 경영 성과를 각종 조세 법규에 따라 조정 계산하는 과정을 연구하고, 잦은 조세 법규의 개정에도 구애 없이 변화하지 않는 이해를 돕기 위하여 각종 사례와 문제를 다룬다. |

| 전산회계 | → | 경영자에게 제공할 회계정보를 효율적으로 관리하기 위해 컴퓨터 패키지인 전산 작업지와 데이터베이스의 사용법과 회계적 이용법을 사례 중심으로 학습한다. |

| 관리회계세미나 | → | 원가회계와 관리회계 학습을 마친 학생들이 좀 더 깊이 있게 관리회계 분야의 이론적 체계와 실무적 지식을 갖도록 한다. 기업이 당면할 수 있는 문제를 스스로 해결해 보고, 주요 사례들을 분석하여 발표·토론하도록 하는 과목이다. 이를 통해 이론과 실무에 대한 폭넓은 식견을 갖도록 하고 발표력을 배양하도록 한다. |

| 고급회계 | → | 중급회계 수준의 이론과 지식을 바탕으로 전통적인 회계 범주를 벗어난 이슈와 최근 등장한 새로운 거래형태를 학습한다. 구체적으로 연결회계, 리스회계, 물가변동회계, 외화환산회계 등의 주제를 다룬다. |

| 생산관리 | → | 경영학 각론의 일부로서 생산 시스템에 대한 구성의 이해 및 그 운용에 대한 기법들의 학습과 실제 적응력을 배양한다. |

| 경영전략 | → | 글로벌 경쟁 시대에서 기업들이 경쟁에서 살아남는 데 필요한 경영전략을 수립하고, 이행하는 데 필요한 여러 가지 분석기법을 제공한다. 경영전략의 분석 기법을 강조하는 이유는 전략적 사고능력이 분석과 종합을 통하여 배양될 수 있다고 믿기 때문이다. 경영전략은 더는 최고경영자나 직관과 통찰력이 뛰어난 소수의 사람만이 수행하는 업무가 아니라, 기업 내 모든 구성원이 전략적 사고방식을 갖추고 업무를 수행해야 하며, 이러한 전략적 사고는 학습으로 어느 정도 배양할 수 있다는 것이다. |

| 국외현장실습3 | → | 15주간의 국외 기업체 현장실습으로 구성되어 있다. 현장실습을 통하여 학교에서 공부한 전공 분야 이론이 기업 실무에 어떻게 적용되고 있는지를 체험해 볼 수 있다. 취업에 필요한 준비를 구체적으로 추진할 수 있도록 한다. |

현장실습3 →
학기 중에 15주간의 기업체 현장실습으로 구성되어 있다. 15주간의 현장실습을 통하여 학교에서 공부한 전공 분야 이론이 기업 실무에 어떻게 적용되고 있는지를 체험해볼 수 있다. 취업에 필요한 준비를 구체적으로 추진하게 유도함을 목적으로 한다.

현장실습2 →
방학 중에 개설되는 계절학기 과목으로서, 4주간의 기업체 현장실습으로 구성되어 있다. 4주간의 현장실습을 통하여 학교에서 공부한 전공 분야 이론이 기업 실무에 어떻게 적용되고 있는지를 체험해볼 수 있다. 이러한 현장 체험은 향후 자신의 진로 설정에도 많은 도움이 될 것이다.

국외현장실습2 →
방학 기간 8주간의 국외 기업체 현장실습으로 구성되어 있다. 현장실습을 통하여 학교에서 공부한 전공 분야 이론이 기업 실무에 어떻게 적용되고 있는지를 체험해 볼 수 있다. 취업에 필요한 준비를 구체적으로 추진하게 유도함을 목적으로 한다.

중소기업 회계기준론 →
중소기업의 경우 한국채택국제회계기준 혹은 일반기업회계기준을 적용하여 회계 처리하는 데 어려움이 있어서, 중소기업회계기준이 별도로 제정되었다. 본 교과목에서는 외감법 대상이 아닌 중소기업들에 적용되는 중소기업회계기준의 이해에 필요한 내용을 대상으로 한다.

고급세무 →
세법을 수강한 학생들을 대상으로 법인세, 소득세, 부가가치세의 기본적인 내용을 가능한 한 상세하게 다루는 것이다. 본 교과목은 세무회계와 관련된 객관식과 주관식을 포함한 연습문제를 중심으로 하여 세법 규정을 이해하는 것이 주된 목적이다. 부수적으로 공인회계사 및 세무사 시험의 교과목이기도 한 세무회계를 연습함으로써 회계전문가로서 진로를 스스로 진단하고 계획하는 것을 목적으로 한다.

회계용어해설 →
회계는 기업의 재무 정보를 분석하고 보고하는 원칙이다. 전 세계에 같은 기업의 언어가 기업 세계에 이용되고 있고 그들의 언어는 회계이다. 특히 최근에 120개국 이상에서 국제회계기준(IFRS)을 회계기준으로 채택한 덕분에 오늘날 회계는 국제화가 되었다. 이러한 변화하는 회계 환경에 발맞추어 학부 학생들에게 영어로 된 회계 교육이 강력하게 요구되고 있다. 이러한 영어로 된 회계 교육에 대한 증가하는 수요로 인하여 본 강좌는 학생들에게 회계의 핵심 개념과 원칙을 좀 더 정확히 이해하는 데 도움을 줄 것이다.

| 재무제표분석 | → | 기업의 경제 현상을 찍은 사진이 재무제표이므로, 시인 재무제표를 분석함으로써 기업이 당면하고 있는 문제점을 발견해 내고 그 원인을 추적해 내어 문제점의 치유방안을 강구하고, 기업의 신용, 주가의 변동에 주요 변수인 재무제표의 시계열 속성을 찾아내는 기법을 학습한다. |

비영리조직회계 → 비영리 조직의 이익은 조직 효율성의 측정 측도가 아니기 때문에 자금 이론을 바탕으로 하는 회계처리 과정을 기업회계와 대비하여 인식, 측정, 보고해야 한다. 따라서 일반 비영리 단위조직의 회계처리에 관련한 회계시스템 설계, 회계순환과정 및 예산회계에 관해 학습한다.

국제경영 → 국제경영에 대해 폭넓은 이해를 제공하고, 국제시장의 전략과 구조를 조사하고 의사를 결정하는 데에 필요한 분석기술을 개발하는 데 목적을 둔다.

조직행위 → 이 과정은 학생들이 개인, 그룹에 관련한 조직적 행동에 관한 기본적 이론과 개념을 이해하도록 설계되었다. 주요 주제는 태도, 감정과 기분, 개인과 가치관, 동기부여, 지각, 의사결정, 그룹과 팀, 리더십, 권력과 정치, 조직문화, 조직 의사소통, 갈등과 협상으로 구성된다.

자료: 경상국립대학교 회계세무학부

회계의 역사와 의의

■ 회계의 역사

최초의 회계는 돈이 들어오고 나가는 것을 기록한 것이며 고대 바빌로니아, 이집트, 그리스, 로마에서 시작되었다. 후에 중세에 들어서면서 상업이 발달하기 시작했는데 이때부터 복식부기가 등장하였다. 복식부기는 이탈리아의 피렌체, 베네치아와 같은 도시 국가들에서 발달하기 시작했다. 복식부기 원리는 1494년 출판된 베네치아의 수도사이자 수학자인 루카 파치올리의 책 《산술·기하·비례 및 비율 요론》에서 처음으로 소개되었다.

현대 부기는 산업혁명을 계기로 제품의 정확한 원가계산이 필요해지면서 파치올리 부기에서 발달하게 된다. 산업혁명 이후 등장한 주식회사의 개념도 회계에 상당한 영향을 미쳤다. 투자자들을 상대로 주식을 발행하여 대규모 투자가 가능해지자 회계기간이라는 개념이 생겨난 것이다. 또한 투자자들의 배당금 지급을 위한 손익계산의 정확성과 배당 이익의 산출 기준, 손익측정상의 발생주의와 실현주의, 자산 평가의 보수주의, 충당금이나 적립금 등의 회계 이론과 회계 기법의 발달, 세무와 법률 규제 등의 개념을 등장시킨 것이 주식회사의 등장이었다.

▥ 회계의 의의

  기업들은 경영활동을 효율적으로 수행하기 위하여 영업활동, 투자활동 및 재무 활동을 나누어 수행한다. 이때 정보이용자들은 주주, 채권자, 정부 등과 같은 외부정보이용자와 경영자, 직원과 같은 내부정보이용자로 나뉘는데 이들은 기업의 이해관계에 많은 관심을 가지므로 기업의 경영활동에 관한 정보를 알고 싶어 한다. 따라서 기업은 정보이용자들의 이런 요구에 충족하기 위해서 기업의 회계정보를 산출하여 이를 필요로 하는 사람들에게 제공하는 과정이 회계이다.

  회계는 한정적 자원의 효율적 배분과 경영 수탁책임의 이행 결과 보고라는 사회적 역할을 수행하기도 한다. 먼저 주주와 채권자가 한정된 자원을 이용하여 투자하는 상황에서 회계정보를 토대로 경영이 잘되고 있는 기업에 투자하면 자원의 효율적 배분에 이바지하게 된다. 경영자들이 회계정보를 이용하여 기업에 배분된 자원을 생산성 높은 부문에 투입하게 되면 이 또한 결과적으로 한정된 자원이 효율적으로 배분되는 효과를 가져오게 된다. 또한 소유와 경영이 분리된 기업에서 경영은 주주나 채권자 등 투자자로부터 위임받은 자본을 효율적으로 관리하는 일이라고 볼 수 있다. 이런 관점에서 회계는 경영자가 위임받은 자본을 효율적으로 관리하였는가, 즉 경영 수탁책임을 충실히 이행했는가에 관한 결과 보고의 역할을 하기도 한다.

출처: 위키백과

회계 관련 기관

한국공인회계사회

KICPA는 공인회계사법에 따라 설립된 법정 기관으로서 공인회계사의 품위향상과 직무의 개선·발전을 도모하고, 회원의 지도와 감독에 관한 사무를 행하고 있다.

한국조세재정연구원

조세·재정·공공기관의 운영 관련 사항을 조사·연구·분석함으로써 국가의 조세·재정·공공기관의 운영 관련 정책 수립을 지원하고 국민경제의 발전에 기여함을 목표로 하고 있다.

국가회계재정통계센터

2010년 7월 발생주의·복식부기 회계제도를 정착시키고 재무제표 정보의 활용방안을 마련하기 위해 「국가회계법 제11조」에 의거하여 한국공인회계사회 부설 '국가회계기준센터'로 설립되어 출범하였다. 2014년 1월 국가회계에 관한 전문성 축적 및 체계적 연구를 위하여 한국조세재정연구원 '국가회계재정통계센터'로 기능 이전되어 운영하고 있다.

한국회계학회

한국회계학회는 1973년에 한국회계학의 연구 및 교육의 발전과 회계학도의 건전한 연구 활동과 회원의 일반적 이익과 상호친목을 도모함을 목적으로 발족하여 현재까지 연구 및 교육 발전에 기여하고 있다.

금융감독원

금융감독원은 "금융감독기구의 설치 등에 관한 법률"(1997. 12. 31 제정)에 의거 전 은행감독원, 증권감독원, 보험감독원, 신용관리기금 등 4개 감독기관이 통합되어 1999. 1. 2 설립됨 그 후 2008. 2. 29에 개정된 "금융위원회의 설치 등에 관한 법률"에 의거하여 현재의 금융감독원으로 거듭났다.

자주 쓰는 회계용어

자산

자산(資産)이란 경제적인 가치가 있는 재화를 말한다. 선진국으로 갈수록 자산 분배율이 돈, 부동산, 주식 등에 고르게 나타나는 경향이 있다. 재산은 현실적 이용성 내지는 환가성이 있는 것으로, 동산·부동산·채권·유가증권·무체재산권 등의 사실관계를 포함하는 개념이다. 따라서 재산은 현실적으로 이용 가능성이 있는지에 따라 가치의 존부가 결정된다. 이에 반해 자산은 손익계산에 관한 회계학적 개념으로 수익에 대한 것을 의미하며 비용으로서 소비되고 수익에 의하여 회수된다. 따라서 현실적 이용성이 없으나, 아직 수익으로 전화되지 않고 비용으로서 유보된 것, 즉 이후에 수익으로 전화할 것도 역시 가치가 인정되어 자산의 개념에 포함된다.

부채

부채란 돈을 빌린 빚을 말한다. 부채는 신용과 관련이 있는데, 소득보다 부채가 많으면 신용도가 낮아지게 된다. 부채를 사이에 두고 돈을 빌려준 사람은 채권자, 부채를 갚아야 하는 사람은 채무자가 된다. 채권은 이 둘 사이의 약속이 담긴 문서로, 원금을 보장받을 수 있다는 확실성이 큰 대신 돈으로 실현되기까지의 기간이 길다는 특징이 있다. 부채는 대출을 통해 생기게 되는데, 돈을 빌려준 사람의 입장에서는 대출해 준 돈을 받지 못할 위험이 있기에 돈을 갚겠다는 약속의 징표로 대출해 준 금액에 상응하는 물건을 요구하게 된다. 이를 담보라고 하고, 담보 제공을 통해 대출이 이루어지는 경우를 담보 대출이라고 한다. 일정한 조건의 담보물을 제공하고 대출받는 담보 대출과는 달리 본인의 신용만으로 대출을 받는 경우가 있는데 이를 신용 대출이라고 한다.

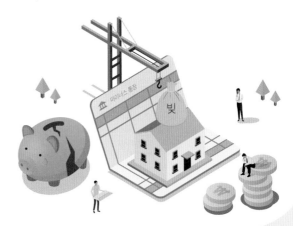

수익

회계에서 수익(收益, revenue)은 주요 영업활동으로 인한 자본(순자산)의 증가액이다. 자본은 자산에서 부채를 뺀 것이므로, 수익이 발생했다는 것은 자산이 증가하거나 부채가 감소했다는 것을 의미한다. 수익금액은 공급한 것의 공정가치가 아니고, 수취대가의 공정가치로 측정된다. 인식시기는 거래형태별로 다양하다. 수익에서 비용을 차감한 잔액을 이익이라고 한다.

비용

비용(費用, 영어: expense, expenditure)이란 일반적으로 어떤 일을 하는 데 드는 돈을 말하며, 전문적 의미로는 소비된 가치의 크기를 말한다.

거래

회계에서 거래는 자금이 이동하는 것을 말한다. 일반적인 거래로 볼 수 있는 것이라 해도 자금의 이동이 수반되지 않은 경우(주문 등)는 회계에서 거래가 아니며, 일반적인 거래로 볼 수 없는 것이라 해도 자금이 이동한 경우(재해, 도난, 감가상각 등)에는 회계에서 거래로 인정된다.

부기

부기(簿記)는 한 경제 주체가 경제 거래로 초래되는 자산, 부채, 순자산의 증감을 관리하고 아울러 일정 기간의 수익과 비용을 기록하는 방식이다. 회계학보다 실무에 가까운 부분을 말한다.

분개

　기업 회계에서 거래 내용을 차변과 대변에 나누어 적는 일을 말한다. 회계의 기본 중 하나로, 기업에서 거래를 통해 자금의 이동이 발생하면 그 이동한 자금의 액수를 해당 계정에 전기(轉記,Posting)를 하게 되는데 분개가 바로 그 중간 과정으로 거쳐야 하는 필수요소이다. 분개를 하는 이유는 그 날 거래 내용을 간단히 알 수 있도록 기록하고, 동시에 자금 이동 내용을 계정에 전기하면서 누락이나 오기, 이중 기입 등으로 인한 기장 오류를 방지하기 위한 것이다

계정

　회계학에서 계정(計定, account) 또는 계정과목(計定科目)이란 회계적으로 인식된 거래에 대한 금액적인 크기를 장부상에 항목별로 기록하는 것을 말한다. 보통 자금의 조달 측면에서 봤을 때 조달 주체에 따라 부채계정 또는 자본계정에 기입하고 자금의 운용은 자산계정에 기입한다. 거래에 따른 손익은 수익 또는 비용계정에 기입한다.

재무제표

　재무제표(財務諸表, 영어: financial statements, financial reports)는 기업의 재무상태나 경영성과 등을 보여주는 문서이다. 이러한 재무제표는 기업의 성과 등을 파악하기 위해 내부적인 목적으로 사용되기도 하나, 상장기업의 경우 이러한 재무제표들을 매년 결산기에 일반대중에게 공개하게 되어있다. 기본적인 재무제표로는 재무상태표, 포괄손익계산서, 자본변동표, 현금흐름표가 있다. 재무상태표는 일정 시점을 기준으로 작성되며, 포괄손익계산서, 자본변동표, 현금흐름표는 일정 기간을 기준으로 작성된다. 포괄손익계산서는 발생주의에 따라, 현금흐름표는 현금주의에 따라 작성된다.

두 개 이상의 기업이 법적으로는 서로 다른 실체이나 지배-종속 관계로 얽혀있어 경제적으로는 단일한 실체일 경우, 지배기업에서는 종속기업의 자산, 부채, 자본, 수익, 비용 등을 포함한 연결재무제표를 작성하여야 한다.

외상매출금

상품·제품의 판매 또는 용역의 제공으로 발생한 것으로서 비교적 단기간에 회수 가능한 채권을 총칭한다. 외상매출금·판매미수금 및 미수 가공료 등을 예로 들 수 있으며, 이는 재무상태표상의 분류에는 당좌자산인 매출채권으로 유동자산(流動資産)에 속한다. 한편, 세무상 외상매출금에 대하여는 그 장부가액의 1%와 장부가액에 대손 실적률을 곱하여 계산한 금액 중 큰 금액을 한도로 대손충당금을 계상할 수 있다

매출채권

기업의 주된 영업활동 과정에서 재화나 용역을 판매하는 것과 같은 수익창출활동으로부터 발생한 채권을 말한다. 기업의 영업목적물을 판매하고 취득한 외상채권을 말한다. 즉 매출채권이란 당해 기업의 사업목적을 위한 경상적 영업활동인 재화의 판매 및 용역의 제공과 관련된 신용채권으로서 외상매출금과 받을어음이 이에 해당한다. 채권의 형성이 구두 약속에 의한 경우에는 외상매출금이라 하고, 어음을 받은 경우에는 받을어음이라 한다. 기업회계기준서에서는 외상매출금과 받을어음을 합하여 매출채권이란 과목으로 통합하고 있다. 실무상으로는 외상매출금이나 받을어음이 중요하면 각각 독자적으로 계상해도 된다. 외상매출금은 회사가 제공한 재화 또는 용역에 대한 대가를 지급하겠다는 고객의 약속이며 통상적으로 30일부터 3개월 이내에 회수가 가능한 수취채권으로서, 회사가 고객에게 무이자로 제공한 단기간의 신용공여로 생각할 수 있다. 이에 비하여 받을어음은 약속어음의 작성자가 일정한 금액을 미래의 특정한 날에 지급하겠다는 서면약속이며, 판매 혹은 대여 등의 거래의 결과 발생하게 된다.

회계사와 인공지능

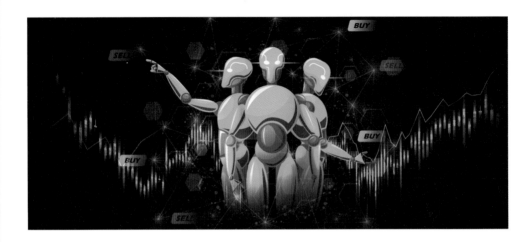

　2015년 세계경제포럼은 '2025년 회계감사 30%를 AI가 수행'할 것으로 예측했다. 인공지능이 회사의 데이터 분석과 같이 기존에는 시간과 비용의 한계로 하기 힘들었던 업무를 해줄 것이다. 그러면 회계사의 업무에는 큰 변화가 있을 것이다. 예를 들어, 데이터를 바탕으로 회계사는 이 분석 내용 및 데이터를 판단하는 일에 집중할 것이다. 뉴스 또는 회계감사 일이 줄어든다면 회계법인은 재무나 경영 자문 등 전문서비스업으로서 역할을 더욱더 강하게 수행할 수 있게 된다. 이 과정에서 인공지능의 도입이 어떤 식으로 영향을 미칠지는 복잡한 문제이며, AI가 회계사를 대체할 수 '있다'와 '없다'로 의견이 갈린다.

　회계사는 고유의 업무 영역을 지닌 점과 해당 업무 영역이 윤리적 판단과 관련되어 있으므로 사무직 전체가 기계에 잠식되기 전에는 일자리를 잃지 않게 될 것이라는 점을 고려하여 기술이 발전하더라도 회계사는 자신에게 맞는 역할을 찾아낼 것이라는 의견과 회계사가 상당 부분 일자리를 잃거나 대우가 현저히 나빠질 것이라는 의견이 있다.

▥ 대체할 수 '없다'는 의견

　기본적으로 회계사라는 직업이 대대손손 영구히 인간의 영역이고 AI가 절대로 침범하지 못할 영역이라고 가정하지는 않는다. 대체가 가능하다는 의견을 자세히 들여다보면 공인회계사뿐 아닌 모든 사무 직렬의 대체 가능성에 관해 적용되는 주장을 하고 있다. 하지만 대체할 수 없다고 주장하는 사람들이 인공지능이 먼 미래에 대부분 인사, 재무, 조직, 물류, 통계, 설계, 계발 등을 수행하게 될 정도로 발달한 상황에서 공인회계사만은 절대 대체가 불가능하다는 주장을 펼치는 것이 아니다. 이미 그때쯤에는 삼성, 현대, SK 등과 같은 하는 대기업 사무 직렬이나 공기업, 공무원, 공공기관 등에서도 인공지능이 수많은 사무 업무에서 인간을 대체하고 있을 것이기 때문이다. 여기서 펼쳐야 할 주장은 토론에서 보편적으로 예상하는 근시에, 법적으로 직역을 보장받는 회계사가 타 사무직군에 비해 유의미하게 대체 가능 시기가 이른지 아닌지를 논하는 것이다. 기술의 발전과 인간의 불완전성을 근거로 들면 종교적 영역을 제외하고는 인공지능이 대체하지 못할 직역은 사실상 없다. 모든 직업은 결국 기술 발전으로 AI가 대체하게 된다는 주장은 굳이 공인회계사에게만 국한된 것은 아니기 때문이다. 회계사가 주로 하는 3대 업무는 회계감사, 컨설팅, 세무업무이다. 회계감사 업무를 대체할 수 없다면 회계사도 사라지지 않을 것이다. 그리고 누군가 큰 피해를 볼 문제에 대해서는 사람들이 인공지능의 회계감사 결과를 수용할 수 없을 것이다. 설사 인식 전환이 이루어져서 입법된다고 할지라도 먼 미래에나 이루어질 일로서 현시대의 사람들과는 관계없는 일일 것이다. 또한 인공지능이 발전하더라도, 회계사를 대체하는 인공지능을 만들기 위해서는 회계 지식에 능통한 회계사가 필요하다. 따라서 인공지능은 회계사의 업무를 완전히 대체하는 회계사의 경쟁자가 아닌 동반자로서 회계사와 함께 할 것이다.

판단 업무 또한 대체된다는 의견도 있으나, 회계감사는 수많은 사람의 이해관계가 걸려있는 윤리적 성격을 포함하는 일이기에 기계가 아무리 일을 잘한다고 하더라도 이를 인공 지능에게 넘기기는 힘들다. 정부 출연 연구기관에서는 대한민국 공인회계사의 대체가 어렵다고 보고 있다. 2016년 말 한국고용정보원의 '기술변화에 따른 일자리 영향 연구' 보고서를 보면, 인공지능과 로봇의 기술적인 대체 가능성을 조사한 결과 2025년 고용에 위협을 받는 이는 1,800만 명가량이다. 직군별로 보면 고소득 직종이 몰린 관리자 군의 경우 대체율이 49%에 불과하지만, 단순 노무직 군의 경우 90%가 넘었다. 제4차 산업혁명 기술로 인한 영향 규모를 직접 추산한 국내 정부 기관의 연구는 이번이 처음이다. 370여 개 직업별로 대체율을 최고 1.00으로 놓고 조사한 결과를 보면, 청소원과 주방 보조원이 1.00으로 가장 높은 것으로 나타났다. 단일 직업으로 가장 많은 종사자 수를 가진 상점 판매원(144만 명)이 받는 영향도 0.86이나 됐다. 반면 대체 영향이 적은 직종은 회계사(0.22), 기업 고위 임원(0.32), 대학교수(0.37) 등이었다. 같은 보고서에서 고용정보원 박가열 연구위원은 회계사의 인공지능·로봇 대체율이 낮은 근거로 "회계사는 변화하는 법과 제도에 대응할 만한 전문성을 가졌다."라고 설명했다. 일단 숙지해야 해야 할 건 인공지능의 발달로 인한 회계사 대체 과정이 그리 단순하게 일어날 수 없다는 것이다.

■ 대체할 수 '있다'는 의견

이쪽 의견에서는 인공지능이 빅4 회계법인의 노동생산성을 대폭 향상하는 상황을 가정한다. 2017년 기준 국내 빅4 회계법인에서 일하는 회계사 수는 약 26%. busy season 동안 이들의 노동생산성이 4배 증가한다면 빅4 회계법인의 능력만으로 현존하는 국내 회계사 업계의 일을 모두 할 수 있게 되어버린다. 그렇다면 수요 공급의 법칙에 따라 로컬펌에서는 출혈경쟁이 증가하게 되고 하위권 회계사의 대우가 극히 낮아지게 된다. 작게는 합격자의 절반만 빅펌에 들어갈 수 있게 된다거나, 크게는 KICPA를 딴다고 해도 직업 보장이 되지 않고 가산점 자격증 정도의 대우를 받게 된다는 견해다. 이런 시나리오에서는 빅펌에서 높은 자리에 있는 회계사들, 미리 금융공기업 등의 공직으로 탈출한 회계사들과 AI 시대 대응에 성공한 회계사들만 피해를 면하게 된다. 일이 줄어든다는 것은 일자리가 안정적으로 보장될 때만 자신에게 유리한 것이다.

인공지능 회계감사 분야에서 가장 빠르게 움직이는 곳은 4대 회계법인이다. KPMG는 IBM의 인공지능 프로그램인 '왓슨'을 기반으로 감사 프로그램을 개발하고 있다. 한 회계법인 관계자는 "왓슨의 최대 장점인 자연어 이해 능력을 활용하면 데이터 정리·분석뿐 아니라 회계사의 의사결정을 도울 최고의 보조자가 생기는 것이다."라고 말했다. 2016년 말 일본의 '신일본감사법인'은 80명의 회계사와 기술자를 동원해 '인공지능을 이용해 부정 회계를 막는 감사시스템 개발에 착수했다. 2017년 수출입은행은 EY 등 컨소시엄과 협의해 부실기업 예측 여신심사 모델을 만들었다. SNS, 뉴스, 댓글 등에서 전파되는 비정형화 데이터 및 회계감사 데이터를 모아서 여신 감리 시스템을 만드는 것이다. PwC는 2013년 실시간 회계감사 프로그램 '헤일로'를 개발했다. 기업의 데이터를 입력하면 헤일로가 이를 분석해 이상한 재무 흐름 등을 콕 집어낸다. 분석 엔진의 성능이 뛰어나 데이터 '전수조사'도 가능하며 태블릿PC 같은 모바일 기기로도 사용할 수 있다. 2016년 4월 일본 PwC아라타 감사법인은 기업 회계장부 자료 전체를 컴퓨터로 분석해 분식을 찾아내는 시스템을 갖췄다. 결산 처리 장부 데이터를 컴퓨터가 모두 읽은 후 수치는 물론이고 입력자와 시간까지 분석한다.

이전에는 회계사 여러 명이 있어야 기한을 맞출 수 있던 단순 작업을 인공지능이 더 높은 정확성, 속도, 효율성과 저렴한 가격으로 업무를 줄인다면, 회계법인의 나머지 회계사들은 잉여 인력이 될 것이다. 물론 전국의 회계사가 실업자가 되고 회계감사는 모두 인공지능이 수행하는 정도의 극단적인 미래를 가정하지는 않는다. 그쯤 가면 모든 사무직의 일자리가 위태로워지게 된다. 급진적인 미래학자들도 2045년은 되어야 기술적 특이점이 올 것으로 전망하고 있다.

출처: 나무위키

회계사와 세무사의 업무 및 역할

세무사는 세무사법을, 회계사는 공인회계사법의 적용을 받는다. 세무사법 제2조에 의해 세무대리만 수행하지만, 회계사는 공인회계사법에 따라 회계감사 등 회계에 관한 업무와 세무대리를 수행하므로 업무 영역이 더 넓다. 세무사법에서 세무대리에 대해 자세하게 다루고 있는 만큼 회계사도 세무사법의 적용받는다. 세무사법에서는 공인회계사가 세무대리를 할 경우, 세무사법에 따라 할 수 있도록 어떻게 세무사법을 준용할 수 있는지 근거 조항을 만들어 두었다. 그래도 세무사는 아니기에 세무사 명칭을 쓸 수는 없다. 세무사법에서 이 부분은 정확하게 막아두었다. 법령에 업역이 정해져 있는 만큼 전문자격을 가진 사람들은 고유업무에 따른 이익을 본다. 회계사는 세무사보다 업역에 관한 법령이 더 많이 얽혀있으므로 회계사가 더 유리하다고 볼 수 있다.

◆ 회계사의 업무 범위

회계사는 공인회계사법의 영향을 받는다. 공인회계사법은 공인회계사제도를 확립함으로써 국민의 권익 보호와 기업의 건전한 경영 및 국가 경제의 발전에 이바지함을 목적으로 한다고 하며 업무 범위를 제2조에서 말하고 있다. 회계사는 세무사가 하는 세무대리 업무를 할 수 있고, 고유 업무 영역인 회계감사를 할 수 있다. 외감법(주식회사 등의 외부감사에 관한 법률)에 따라 일정 규모 이상의 회사는 재무제표를 작성한 후 외부감사인으로부터 회계감사를 받아야 하는데, 회계사만이 외부감사인으로서 회계감사를 하고 적정·한정 등의 의견을 표시할 수 있다. 회계사도 세무대리 업무를 할 수 있지만, 고객층이 다르다. 회계사의 고객은 코스피, 코스닥 상장기업 등 어느 정도 규모가 있는 기업들이다. 외감법에 따라 자산 120억, 매출 100억 이상 등의 기준을 충족해야 회계감사를 받기에 회계감사 대상 기업의 세무대리와 컨설팅 업무는 주로 회계사가 맡는다. 고객의 규모가 크다 보니 회계사는 다수의 회계사가 모인 회계법인의 형태로 일한다. 회계법인은 회계감사와 세무대리 및 컨설팅뿐만 아니라, M&A 실사 및 전략 수립, 기업구조조정, 투자유치 업무, 프로젝트 파이낸싱 등 다양한 Deal Advisory와 컨설팅 업무도 한다. 회계사는 기업과 관련된 거의 모든 업무를 수행하기에 변호사 다음으로 업무 영역이 넓고, 자격 취득 후에도 진로가 다양하다.

공인회계사법 제2조(직무범위) 공인회계사는 타인의 위촉에 의하여 다음 각호의 직무를 행한다.

1. 회계에 관한 감사 · 감정 · 증명 · 계산 · 정리 · 입안 또는 법인설립등에 관한 회계

2. 세무대리

3. 제1호 및 제2호에 부대되는 업무

주식회사 등의 외부감사에 관한 법률 제4조(외부감사의 대상) ① 다음 각 호의 어느 하나에 해당하는 회사는 재무제표를 작성하여 회사로부터 독립된 외부의 감사인(재무제표 및 연결재무제표의 감사인은 동일하여야 한다. 이하 같다)에 의한 회계감사를 받아야 한다.

1. 주권상장법인

2. 해당 사업연도 또는 다음 사업연도 중에 주권상장법인이 되려는 회사

3. 그 밖에 직전 사업연도 말의 자산, 부채, 종업원수 또는 매출액 등 대통령령으로 정하는 기준에 해당하는 회사. 다만, 해당 회사가 유한회사인 경우에는 본문의 요건 외에 사원 수, 유한회사로 조직변경 후 기간 등을 고려하여 대통령령으로 정하는 기준에 해당하는 유한회사에 한정한다.

② 제1항에도 불구하고 다음 각 호의 어느 하나에 해당하는 회사는 외부의 감사인에 의한 회계감사를 받지 아니할 수 있다.

1. 「공공기관의 운영에 관한 법률」에 따라 공기업 또는 준정부기관으로 지정받은 회사 중 주권상장법인이 아닌 회사

2. 그 밖에 대통령령으로 정하는 회사

주식회사 등의 외부감사에 관한 법률 제2조(정의) 이 법에서 사용하는 용어의 뜻은 다음과 같다.

7. "감사인"이란 다음 각 목의 어느 하나에 해당하는 자를 말한다.

가. 「공인회계사법」 제23조에 따른 회계법인(이하 "회계법인"이라 한다)

나. 「공인회계사법」 제41조에 따라 설립된 한국 공인회계사회(이하 "한국 공인회계사회"라 한다)에 총리령으로 정하는 바에 따라 등록을 한 감사반(이하 "감사반"이라 한다)

◆ 세무사의 업무 범위

세무사는 세무사법의 적용을 받는다. 세무사법은 세무사제도를 확립하여 세무 행정의 원활한 수행과 납세의무의 적정한 이행을 도모함을 목적으로 한다며, 업무 범위를 제2조에서 규정하고 있다. 납세자를 대신해 각종 세금에 관한 신고 업무를 대리하는 것이기에 한마디로 '세무대리'라고 표현한다. 세무사는 주로 자영업자, 소상공인, 스타트업, 벤처 중소기업들을 대상으로 기장대리와 부가세·소득세·법인세 등의 신고를 대행한다. 고객의 규모가 작다 보니 세무사는 보통 개인 사무소 형태로 일한다. 그래서 개인의 영업 능력에 따라 세무사의 소득이 달라지는 구조가 된다.

세무사법 제2조(세무사의 직무) 세무사는 납세자 등의 위임을 받아 다음 각 호의 행위 또는 업무(이하 "세무대리"라 한다)를 수행하는 것을 그 직무로 한다. 〈개정 2011. 5. 2., 2016. 1. 19., 2017. 12. 19.〉

1. 조세에 관한 신고·신청·청구(과세전 적부심사청구, 이의신청, 심사청구 및 심판청구를 포함한다) 등의 대리(「개발이익 환수에 관한 법률」에 따른 개발부담금에 대한 행정심판청구의 대리를 포함한다)

2. 세무조정계산서와 그 밖의 세무 관련 서류의 작성

3. 조세에 관한 신고를 위한 장부 작성의 대행

4. 조세에 관한 상담 또는 자문

5. 세무관서의 조사 또는 처분 등과 관련된 납세자 의견진술의 대리

6. 「부동산 가격공시에 관한 법률」에 따른 개별공시지가 및 단독주택가격·공동주택가격의 공시에 관한 이의신청의 대리

7. 해당 세무사가 작성한 조세에 관한 신고서류의 확인. 다만, 신고서류를 납세자가 직접 작성하였거나 신고서류를 작성한 세무사가 휴업하거나 폐업하여 이를 확인할 수 없으면 그 납세자의 세무 조정이나 장부 작성의 대행 또는 자문 업무를 수행하고 있는 세무사가 확인할 수 있다.

8. 「소득세법」 또는 「법인세법」에 따른 성실신고에 관한 확인

9. 그 밖에 제1호부터 제8호까지의 행위 또는 업무에 딸린 업무

[전문개정 2009. 1. 30.]

회계사 관련 도서 및 영화

관련 도서

중국회계의 달인이 된 나과장 (나병희 저/ 지식공감)

진정으로 회계가 왜 비즈니스 언어이고, 재무팀도 아닌 내가 왜 회계를 배워야 하는지를 먼저 뼈저리게 느껴야, 회계가 재미있고 이해력도 높아진다. 이런 과정을 중국어로 설명하고 이해시키고 업무에 적용하도록 할 수 있어야 진정한 비즈니스 중국어를 한다고 할 수 있는 것이다. 이 책이 중국회계를 테마로 하고 있지만, 중국어를 제2외국어로 공부하는 고등학생과 대학생에게도 단순히 HSK 6급 받는 것이 중요한 것이 아니라 중국어를 배워서 무엇을 하려고 하는지에 대한 목적을 가졌으면 한다고 저자는 말한다. 이 책은 타국인 중국에서 고군분투하는 주재원, 그리고 자신의 업무능력을 조금이라도 향상하고자 하는 직장인, 또한 비즈니스 마인드를 갖추고자 하는 대학생, 중국어를 공부하고 좀 더 일찍 자신의 길을 찾고자 하는 고등학생에게 조금이나마 도움이 되길 바라는 마음에서 집필된 것이다. 단순히 법조문을 나열하는 것이 아니라 저자의 경험을 최대한 반영하였다.

세상에서 가장 쉬운 회계책 (센가 히데노부 저/ 랜덤하우스코리아)

우리 사회에서 뛰어난 CEO로 인정받고 있는 사람 중에는 경리나 자금 담당 출신들이 의외로 많다. 그만큼 기업에서 회계를 모르면 올바른 경영을 할 수 없다고 해도 과언이 아니다. 하지만 회계는 정작 직장생활을 하는 비즈니스맨들에게 어렵기만 한 대상이다. 경영 감각을 갖추는 것은 이제 직장인들에게 반드시 요구되는 성공을 위한 필수능력 중 하나가 되었고, 이 책은 그런 능력을 요구받는 직장인들에게 회계 및 재무의 기초지식을 경영 현장에서 제대로 활용하는 방안을 알기 쉽게 알려 준다.

진짜 부자 가짜 부자 (사경인 저/ 더클래스)

경제적 자유라는 말을 들으면 우리는 돈이 갑자기 많아지는 상황부터 떠올린다. 로또나 잭팟 같은 일확천금, 주식 배당금이나 임대수익 같은 불로소득 등에 힘입어, 우리는 더 이상 근로소득에 의존하지 않아도 되는 상황을 꿈꾼다. 그렇지만 많은 돈을 벌어도 자유롭지 못하고 행복하지 않은 사람들도 많다. 많은 돈은 부자의 필요조건이지 충분조건은 아니다. 집도 없고 비싼 차도 없고 소득도 절반으로 줄었다는 저자 사경인 회계사가 그래도 전보다 오히려 지금이 부자라고 자신 있게 말하는 이유는 무엇일까? 현금화하지 못한 강남 아파트와 매년 그 가치가 떨어지는 고급 차를 소유하고 있다고 부자라 할 수 있을까? 우리는 흔히 자산이 아닌 것들까지 자산이라 여긴다. 마이너스통장에서 뺀 돈으로 주식을 사서 수익을 내지 못하고 있으면서 그 행위를 재테크라 칭한다. 저자는 회계사의 시선으로 그러한 문제점들을 하나하나 짚고 넘어간다. 그 일침은 단순히 근검절약을 강조하는 수준이 아니다. 이 책을 우리의 돈이 지금 어디에 있는지, 앞으로 어디로 가야 하는지를 알려 주는 재테크 내비게이션으로 삼아 보자.

슬기로운 금융생활 (금융의정석 저/ 북오션)

우리는 누구나 부자를 꿈꾼다. 그래서 부자가 될 여러 가지 방법을 찾아 헤맨다. 그런데 현실적으로 생각해보자. 지금 당장 무엇을 할 수 있을까? 내일 당장 내 연봉이 두 배가 될까? 아니면 변호사나 의사처럼 월급을 많이 받는 전문직이 될 수 있을까? 지금 당장 달성하기에는 불가능한 일들이다. 현재 내가 할 수 있는 일은 내 월급을 가지고 효율적으로 소비하고, 알뜰히 저축해서, 가성비 높은 투자를 하는 것뿐이다. 그렇게 행동하기에 기반이 되는 것이 금융 지식이다. 아주 대단한 지식은 아니지만, 놓치면 손해를 보는 바로 그 지식이다. 금융 지식을 전달함으로써 개설 8개월 만에 10만 구독자를 달성하고, 지금도 아낌없이 자신의 노하우를 나누어주고 있는 크리에이터 '금융의 정석'이 방송으로는 자세히 전달할 수 없었던 이야기들을 이 책에 담았다.

회계 공부는 난생처음입니다만 (김범석 지/ 메이트북스)

회계 공부를 여러 번 했어도 재무제표 속 숫자의 의미를 모르고 있다면 회계 공부의 방법을, 회계 공부의 입문서를 바꿔야 한다. 회계 공부가 난생처음이거나, 여러 번 회계 공부를 시도했지만, 결과가 신통치 않았던 사람들을 위한 너무나도 친절한 회계 안내서다. 하지만 입문서라고 용어 해설집 스타일 같다거나 책의 수준이 겉핥기식으로 흐르는 것은 결코 아니다. 이 책에 담긴 내공과 통찰은 절대 만만치 않아 실제로 회계의 감을 잡고 나아가 의사결정을 하는 데도 지침을 주기에 충분하다. 이 책의 탁월한 점은 회계에 어렵고 이해하기 힘든 이론들이 실제 생활과 실무에서 어떻게 활용되는지를 너무나도 잘 이해시키고 있다는 것이다. 요즘처럼 치열한 경쟁사회에서는 회계를 전공하지 않았더라도 사회생활에서 회계와 숫자는 필수 과목이 되었다고 해도 과언이 아니다. 회계를 모르고서 일한다거나 사업을 한다면 이는 그야말로 위험천만하다. 이 책은 회계 이론이 실생활에서 어떻게 적용되는지를 알기 쉽게 다양한 사례를 싣고 있어 쉽게 회계를 이해하는 데 최적의 길라잡이가 될 것이다.

회계사처럼 생각하라 (크레이그 하비 저/ 중앙books)

회계사는 고객의 재무 상태를 한눈에 보이도록 정리하고, 그 자료를 토대로 자금이 잘 운용되고 있는지 판단하고 상담해준다. 회계를 모르면 회사의 돈이 어떻게 흘러갔고, 어떻게 수익으로 돌아왔는지 이해할 수 없기에 중요하다. 비단 복잡하고 덩치가 큰 기업의 얘기만이 아니다. 재무를 담당하는 직장인부터, 자그마한 사업을 시작하는 사장님, 자산을 관리하는 우리 모두에게 돈의 흐름을 파악해야 할 때가 종종 생긴다. 그렇지만 개인들은 사실 시간을 내 교육을 받기도 만만치 않고, 그렇다고 회계사를 고용할 여력도 안 돼 포기하기 마련이다. 하지만 회계는 거창하게 오랜 시간 배워야 할 어떤 자격이나 기술 혹은 능력이 아니다. 오히려 이해관계를 판단하는 사고방식이다. '오늘 팔린 자장면 그릇이 몇 개이고, 거기에 들어간 재료비는 얼마일까?' 하루 매출 기록표를 적는 작은 습관. 회계는 어렵지 않다. 『회계사처럼 생각하라』는 '회계는 어렵다'라는 오해를 풀고 당신의 새로운 마인드 세팅에 꼭 필요한 책이다.

쉽게 배워서 바로 써먹는 이야기 회계 (정헌석, 정병수 공저/ 김영사)

숫자만 보면 어질하고 회계용어가 암호처럼 느껴지는 회계 초보자들의 눈높이에 맞춘 회계 입문서. 원가와 비용, 감가상각비, 순이익, BEP... 귀에는 익숙하지만 정작 그 의미는 모르는 회계용어와 재무제표, 회계 기본등식, 원가관리 등 회계 기본지식부터 핵심 개념까지! 20만 독자에게 사랑받으며 회계의 대중화에 획을 그은 인기 교양서 [즐거운 회계산책] 세 번째 개정판을 새롭게 만난다. 최신 회계기준을 바탕으로 흡입력 있는 사례와 비유를 추가해 재미를 높이고, 표와 그림을 추가하여 실용성을 강화했다. 사원부터 CEO, 자영업자까지, 기획자에서 마케터까지, 한번 배우면 평생 써먹는 회계의 기본원리가 한눈에 쏙 들어오는 이야기 회계.

만만한 회계학 (하야시 아쓰무 저/ KDbooks)

베스트셀러《회계학 콘서트》저자의 최신작. 회계의 전제와 구조를 확실하게 이해한 후에 '회계를 자유자재로 구사하는 힘'을 기르는 데 목적을 두었고, 실전에 써먹을 수 있는 회계의 요점을 여섯 가지로 꼭 집어서 이야기 형식으로 알기 쉽게 해설하였기에 책장을 넘기는 동안 관리회계의 재미가 독자들에게 생생하게 전달된다. 또한, 이해를 돕기 위해 중간중간 문제를 곁들여 문제를 풀면서 그 원리를 생각해볼 수 있도록 구성하였다. 회계를 어느 정도 아는 분이라면 맨 처음부터 읽어도 되지만, 바쁜 사회생활로 시간에 쫓기는 분이라면 관심 있는 내용만을 선택적으로 읽을 수 있게 했다. 2011년부터 우리나라의 모든 상장기업에 의무 적용될 IFRS(국제회계기준)에 맞추어 친절히 설명되어 있다.

지금 당장 회계공부 시작하라 (강대준, 신홍철 공저/ 한빛비즈)

세상에서 가장 쉬운 회계 책 〈지금 당장 회계공부 시작하라〉가 돌아왔다. 이 책은 대중을 위한 친절한 회계 입문서가 거의 없었던 2012년 당시, 실무자가 아닌 일반 대중을 위한 회계 책으로 화제가 되었고 빠른 속도로 회계 분야 베스트셀러가 되었다. 그리고 9년이 흘렀다. 2021년, 〈지금 당장 회계공부 시작하라〉는 그동안 새롭게 바뀐 경영 환경, 시장의 변화, 새로운 회계 평가 시스템과 최신 사례 등을 담아 전체 내용을 싹 다 수정한 전면개정판으로 돌아왔다. 삼성, LG, SK, 현대차그룹 등 내로라하는 기업에서 앞다퉈 초청하는 '일타 강사' 강대준 회계사와 '회계학의 대가' 신홍철 교수가 만든 〈지금 당장 회계공부 시작하라〉 2021년 전면개정판. 독자의 일상과 밀착한 쉬운 설명과 사례들로 어려운 회계의 핵심을 풀어 이 한 권 안에 모두 다 담았다.

회계사가 말하는 회계사 (강성원, 김도연, 정회림, 강경모, 박서욱, 신원철, 서준혁, 양우정, 최영윤, 추현옥, 김병환 저/ 부키)

'부키 전문직 리포트' 시리즈의 열여섯 번째 권으로 15명의 회계사가 자기 일에 대해 솔직하게 털어놓은 오늘의 회계사 생활 보고서이다. 1, 2년 차 수습회계사로부터 언스트앤영한영, 삼일, KPMG삼정, 딜로이트안진 등 빅4 회계법인에서 IT전문가, 기업가치평가전문가, 국제통상전문가, 국제조세 및 개인소득세 전문가로 활약 중인 회계사와 로컬회계법인 개업 회계사와 세무회계사무소 대표 그리고 은행, 금융감독원, 한국예탁결제원, 대검찰청 등 다양한 분야에서 활동하는 회계사들의 일과 생활, 보람과 애환을 흥미진진하게 전하고 있다.

솔직히 회계 1도 모르겠습니다 (고야마 아키히로 저/ 포레스트북스)

비즈니스 언어는 회계다. 회계란 돈의 흐름을 가시화하는 작업으로, 주식회사의 탄생과 함께 경영 상태를 숫자로 파악하고 이익을 최대화하는 수단으로 발전했다. 세계 최대의 회계 컨설팅 그룹인 '딜로이트 투쉬 토마츠'를 거쳐 독립한 고야마 아키히로 회계사는 〈공인회계사 고야마 아키히로〉란 유튜브를 운영하며 회계에 대한 정보를 전달하는데 그의 영상은 조회 수 1,000만 뷰를 넘을 정도로 회계를 공부하는 사람들 사이에서 열광적인 지지를 얻고 있다. 그는 회계는 비즈니스 세계의 사람들뿐 아니라 일상 속 누구에게나 필요한 지식이라는 사실을 깨닫고 《솔직히 회계 1도 모르겠습니다》를 썼다. 이 책은 출간된 이후 지금까지 아마존 재팬에서 회계 분야 1위를 기록하고 있다.

관련 영화

닉 오브 타임 (1995년/ 90분)

샌디에이고에서 L.A로 옮겨 새로운 생활을 시작하게 된 회계사 진 왓슨은 6살 난 딸 린과 함께 열차 편으로 L.A 역에 도착한다. 플랫폼을 빠져나온 왓슨은 곧바로 새로 근무하게 될 회사에 전화를 건다. 한편, 수많은 여행객으로 북적이는 역 안에서 스미스와 그의 파트너 존스가 누군가를 찾고 있다. 그들은 전화를 걸고 있던 왓슨에게 다가가 경찰임을 밝히며, 조사할 내용이 있다면서 왓슨과 린을 자신들의 차에 태운다. 영문도 모른 채 딸과 함께 이들의 차에 오른 왓슨. 그러나 그가 차에 타자마자 스미스와 존스는 무섭게 돌변해, 권총을 들이대면서 1시 30분까지 자신들이 지시하는 장소에서 누군가를 암살하라고 요구한다. 그리고, 왓슨의 딸 린을 인질로 억류하면서 암살을 성공시키지 못하면, 린을 살해하겠다고 협박한다. 잠시 주저하던 왓슨은 딸을 위해 그들의 요구를 수락한다. 사랑하는 딸의 목숨이 걸린 암살 게임에 어쩔 수 없이 말려든 왓슨은 이제 선택의 여지도 없이, 알지도 못하는 누군가를 암살해야 한다. 그가 저격해야 할 인물은 바로 선거 후원 행사를 개최하는 캘리포니아 주지사인 엘리노어 그랜트. 지금부터 남은 시간은 단 76분에 불과하다.

프로듀서 (1967년/ 88분)

　왕년에 잘나가던 브로드웨이의 연극 제작자 맥스 비알리스톡은 거듭되는 실패로 재정난에 처하자 부유한 노부인들과 부적절한 관계를 맺으며 제작비를 충당한다. 그러던 중 맥스의 장부를 정리하던 회계사 레오 블룸은 흥행에 실패한 연극이 오히려 수익이 높았다는 어처구니없는 사실을 알게 된다. 맥스와 레오는 바로 의기투합, 소위 망하는 작품을 무대에 올리기 위해 최악의 극본과 배우들을 찾아 나선다. 그러나 두 사람이 실패할 것이라고 확신했던 뮤지컬 '히틀러의 봄날'은 보기 좋게 대박을 터트리고 만다. 뜻하지 않은 관객들의 갈채와 환호에 당황한 맥스와 레오는 극작가 프란츠와 합세해 극장을 폭파하려다 실패하고 감옥에 갇힌다. 하지만 죽이 너무 잘 맞는 이 괴짜 삼인방은 교도소 안에서도 기상천외한 뮤지컬을 만들어 동료 수감자들과 교도관들의 주머니를 털기 시작한다.

고문 (2008년/ 107분)

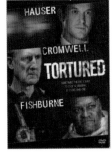

　신분을 버리고 범죄의 중심으로 들어가라!

　무자비한 폭력 조직 속에 위장 잠입한 FBI 요원 케빈 콜은 자기 자신을 증명하기 위해 극단적인 방법을 써야만 한다. 베일에 가려진 조직의 보스 '지기'의 잃어버린 수백만 달러의 행방을 쫓기 위해 콜은 조직의 회계업무를 담당한다. 그러나 일들이 서서히 꼬이고, 그들 간에 두뇌게임이 시작되는데…

　'지금 누가 누구를 조종하는가?' 당신이 거짓말 그 자체일 수밖에 없는 무자비한 범죄조직에 들어가야만 한다! 임무를 위해 목숨을 담보로 한 모험을 시작한 FBI 요원과 그를 둘러싼 조직원들의 숨 막히는 두뇌 싸움을 그린 액션 스릴러.

어카운턴트 (2016년/ 128분)

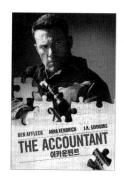

　자폐아로 오해받았지만 아인슈타인, 피카소, 모차르트와 비견될 정도로 숫자에 대한 탁월한 능력을 지닌 크리스찬(벤 애플렉). 수학 천재인 그는 자신의 재능을 살려 마약 조직의 검은돈을 봐주는 회계사로 살아간다. 그러던 중 그가 비밀리에 행했던 일로 인해 조직과 국가의 동시에 표적이 되고, 이제 그는 낮에는 회계사, 밤에는 킬러였던 자신의 본색을 드러내며 동시에 그들과 맞서는데...

센트럴 인텔리전스 (2016년/ 107분)

　1996년 메릴랜드 고등학교 졸업반인 '골든 젯' 캘빈 조이너는 스포츠부터 예체능까지 뭐든지 만능에 팔방미인으로 전교생에게 가장 인기 있는 학생이다. 반면 로비 위어대트는 뚱뚱하고, 친구 하나 없는 학교의 왕따이다. 학교 샤워실에서 홀로 샤워하며 노래 부르고 춤추고 있던 로비를 본 학교 불량아들은 그를 옷도 안 입히고, 학생들이 모두 모여 있는 강당으로 끌고 와 개망신을 준다. 이를 본 캘빈은 자신이 입고 있던 재킷을 건네주며 그에게 가리라고 하고, 이에 감동한 로비는 캘빈에게 감사의 말을 전한 뒤 전학을 간다.

　20년 뒤 학교 최고의 퀸카였던 매기와 결혼하고, 평범한 회계사가 되어 하루하루 무기력하게 살아가던 캘빈에게 20주년 기념 동창회를 앞두고 밥 스톤이라는 낯선 근육질의 남자가 나타나 자신에게 친밀함을 표시한다. 그는 바로 20년 전 자신이 도와줬던 로비. 반가움에 술을 마시던 중 밥은 자신이 오랫동안 외국에 나가 있는 동안 자신의 급여통장에 뭔가 문제가 생긴 것 같다면서 캘빈에게 도움을 요청하고, 밥이 알려 준 계좌를 살펴보던 캘빈은 뭔가 이상함을 느끼지만, 밥의 말대로 다음날 다시 확인해보기로 하고 잠자리에 든다. 하지만 다음날 회사에 출근한 캘빈 앞에 CIA 요원들이 나타나 밥 스톤에 대해 캐묻는 것을 보며 캘빈은 사태가 뭔가 이상하게 꼬여가는 걸 느끼게 되는데...